玩转太极拳

之二十四式

龙殿法　著

内外兼修
健身励志

中国中医药出版社

·北京·

图书在版编目（CIP）数据

玩转太极拳之二十四式 / 龙殿法著 .—北京：中
国中医药出版社，2020.9
ISBN 978 – 7 – 5132 – 5714 – 5

Ⅰ . ①玩… Ⅱ . ①龙… Ⅲ . ①太极拳—基本知识
Ⅳ . ① G852.11

中国版本图书馆 CIP 数据核字（2019）第 202888 号

中国中医药出版社出版

北京经济技术开发区科创十三街 31 号院二区 8 号楼
邮政编码　100176
传真　010-64405750
保定市西城胶印有限公司印刷
各地新华书店经销

开本 880×1230　1/32　印张 6.5　字数 133 千字
2020 年 9 月第 1 版　2020 年 9 月第 1 次印刷
书号　ISBN 978 – 7 – 5132 – 5714 – 5

定价　49.80 元
网址　www.cptcm.com

社 长 热 线　010-64405720
购 书 热 线　010-89535836
维 权 打 假　010-64405753

微信服务号　zgzyycbs
微商城网址　https://kdt.im/LIdUGr
官 方 微 博　http://e.weibo.com/cptcm
天猫旗舰店网址　https://zgzyycbs.tmall.com

如有印装质量问题请与本社出版部联系（010-64405510）

龙殿法大夫公众号

作者简介

　　龙殿法　山东省枣庄市人，毕业于济宁医学院，研修于山东中医药大学第二批"西医学中医"培训项目。三级甲等专科医院临床主治医师，中国科学技术出版社《实用临床急救学》主编，发表相关论文3篇，有7年以上临床工作经验。

　　社会兼职：山东省医学教育技术学会委员，枣庄市健康教育专业委员会委员，枣庄职业学院医疗系高级护理专业健康评估兼职教师，执业医师考试《生物化学》科目培训讲师，Python程序员，有5年网络编程和前台美工设计经验。

　　医武同源：临床与保健相结合，多次到基层社区举办健康保健讲座，开展健康促进与教育工作。2009年创办"形而易学"太极拳俱乐部，致力于太极拳文化和健康养生理念的传播和推广，曾担任第三届"龙族记忆"杯太极拳邀请赛青年组裁判员，并创编"形而易学太极拳"系列教程（后改名为"玩转太极拳"系列教程），有10年以上太极拳教学经验。

自序

　　大道之法，至简至易。太极拳抱圆守一，是一种关于"圆"的艺术。玩转太极拳之"玩"，有玩索和探求之意，可谓"玩索而有得"。

　　《易经·系辞上》："是故君子居则观其象而玩其辞，动则观其变而玩其占。""玩索而有得"是孔子研究《易经》的心得。孔子学易，行不离囊，坐不离席，韦编三绝，极下功夫，后曰：要了解易的精神，非玩索之不可。

　　太极文化博大精深，其理论基础正是《易经》，斗转星移，太极基因早已渗透在各个文化领域和各种事物之中。太极拳与传统的太极文化之间有着深厚的渊源，具有启智、健身、尚美、养生、励志等多种功能。

　　玩转太极拳教程是一系列内容全面、创新式的太极拳教程，每套教程均分为五个环节。

【第一环节：构建场景，描绘轮廓】

本书开篇会讲述一个关于奋斗的励志修行故事作为各势名称的索引，描绘一幅意境幽远的山水画卷，呈现一段误入桃花源的寻梦之旅。构建场景，勾画拳架轮廓，用充满逻辑的故事情节驱动拳势连绵不断地运行。

【第二环节：分解动作，规范拳架】

二十四式太极拳是国家标准竞赛套路，每一势的规格标准都有严格的规范。分解动作，将每一势分解为几个分动式，规范拳架，高清连拍真人图片示范，详细讲解动作要领。

【第三环节：创建模型，刻画细节】

太极拳动中有静，动静相宜。该环节会紧扣故事情节的发展，为关键动作和拳架转换过程创建模型，并将创建的模型与故事场景相融合，刻画细节，所见即所得，超强纠错，达到进一步规范拳架的目的。

【第四环节：内外兼修，形神兼顾】

形如搏兔之鹘，神似捕鼠之猫。太极拳行拳走架时要求形、神、意、气圆融一体。习练太极拳不能空描拳架，该环节将结合仿生学原理，讲解手眼身法步等太极拳基本动作要领，体会内意活动，领悟太极拳实质精髓，通过拳理加拳架的双重学习，内外兼修，形神兼顾。

【第五环节：养生励志，一举多得】

本书的故事索引不仅串联了整套拳架，更重要的是它的象征意义，它象征着一条路，一条曲折的奋斗之路。那幅山水画，就是一张通往目标的思维导图，也是一张藏宝图，因为故事的情节有着特定的寓意，关键部分暗藏着最基本的成功特质。该环节我们将开启鸡汤2.0时代，将人生哲理幻化为肢体语言，模拟沙盘推演，启动右脑思维，激发潜意识，增强行动力。

周恩来总理1959年会见国外友人时说：太极拳是中国的一种优秀传统文化，内涵十分丰富，充满哲理，与中国传统医学有着血缘关系。学太极拳是一项很好的健身运动，可以强身健体，可以防身自卫，也可以陶冶情操，是一种美的享受，可以给人们生活带来无限情趣和幸福，可以延年益寿。

太极拳是武术、是健身、是养生、是哲学，更是人生的一种境界。其中蕴含着丰富的哲理，被誉为国粹，其价值与作用需深入挖掘和推广。

在书稿整理过程中，得到了各位老师的大力支持，给出了诸多宝贵的建议，在此向他们表示感谢。由于本人水平有限，书中难免疏漏之处，恳请各位读者提出宝贵意见，以便再版时修正。

龙殿法

2020 年 5 月 1 日

目
录

第一章

讲励志故事
绘山水画卷

首先，以一个励志故事为线索，构建场景，描绘一幅意境幽远的山水画，自我引导慢慢进入中正安舒、心静体松的太极状态。

下面开始讲故事：

有一天，你来到了一个很安静的图书馆看书，趴在桌上休息了一会儿后，不知不觉地睡着了，梦游仙境，来到了传说中的世外桃源。这里远处有高山云海，山中有深谷桃园，近处有草地，有小溪，有芦苇坡，还有丹顶鹤。

草地上有一本古书，你拿起这本书，在开满野花的草地上一边走路一边看书，走着，走着，忽然发现前面小溪旁立着一只丹顶鹤。

你想去捉住这只丹顶鹤，于是悄悄地，悄悄地，悄悄地靠近，这时，从远处深山中传来一缕用琵琶弹奏的古曲仙音，你若有所思，然后幡然醒悟。

于是开始慢慢后退，退呀，退呀，退到了一片茂密的芦苇丛中。

在芦苇丛中你发现了两棵倾斜的芦苇，叶子有些凌乱。你满怀着爱心用拥捋挤按的手法扶正并整理了这两棵芦苇。穿梭在芦苇丛中，不知不觉地迷失了方向。

于是手捏一段树枝，借着阳光的投影，准确定位了正东的方向。拨开茂密的芦苇，找到了出路。走出芦苇丛后，有两条小溪挡住了去路。

你毫不犹豫地横向跨越这两条小溪。

跨过小溪，再次定位方向，继续前行。这时飘过一片云雾，遇到了一个骑马的老神仙，他站在马镫上为你指明了通往桃园的方向。

在他的指引下，你确定了到达百亩桃园的目标，于是你顺着指向来到了山前。山脚下山石林立，到处长满了树木，布满了荆棘。

为了实现目标，你马上行动，立刻迈出了第一步，但是没有现成的路，于是开始上下攀登，前后摸索，寻求着通往桃园的路。

一路上，山重水复，柳暗花明，跋山涉水，不断跨越。直到有一天，你终于看到了大片的桃树林。

踏入桃园，通过第十八势的左右穿梭，置身于桃树林中，一手臂撑开旁边的树枝，一手张开去摘桃子，因为有左右两个穿梭，所以就摘到了两颗桃子。由于拨动树枝，掉到地上一颗桃子，于是又通过第十九势的海底针俯身拾到第三颗桃子。发现前方桃树上还有一颗成熟的桃子，紧接着通过第二十势的闪通臂摘到了第四颗桃子。

吃完桃子，剩下四颗桃核。转过身来，分别把四个上衣口袋里的四颗桃核种到周围的悬崖峭壁上。

再转过身来，你发现前方大石头上有一束鲜花。你抱起了鲜花，仅仅陶醉了一会儿，又放下了鲜花。

因为在前面最险峰处还有更加美好的风景。

第二章

国家标准竞赛套路二十四式太极拳拳谱

第一势

起势—1
(Commencing form)

【构建场景　描绘轮廓】

有一天，你来到了一个很安静的图书馆看书，图书馆藏有大量古书，座椅古朴典雅。你端坐在桌前认真地看书，桌子上摆着一个地球仪，桌子前面悬挂着一盆吊兰（也叫垂盆草）。

【分解动作　规范拳架】

1.左脚开步　身体自然直立，重心微微右移，左脚轻轻抬起，向左横移开立一步，两脚平行，脚尖向前，两脚间距离与肩同宽。两臂自然下垂，两手保持基本掌形放在大腿外侧。面部表情自然，精神集中，眼平视前方。（图2-1-1）

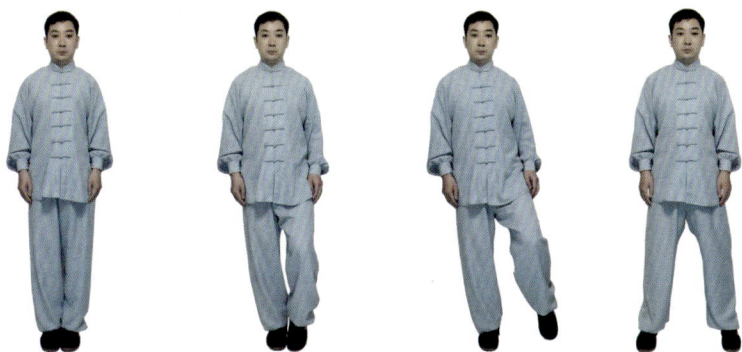

图 2-1-1

2.**两臂平举** 两肩下沉，两臂缓缓抬起，向前平举，两掌高与肩平，与肩同宽，掌心向下。（图 2-1-2）

图 2-1-2

3. **马步按掌** 身体重心下沉，两腿屈膝后坐，同时两掌徐徐下按至腹前，两臂下按和身体下蹲的动作要协调一致，两肘微下垂与两膝相对，舒指坐腕，中正安舒，精神集中。（图2-1-3）

图 2-1-3

【创建模型　刻画细节】

"起势"中的"马步落掌"的定势要创建的模型是"正襟危坐"。在太极拳中，往往以第一个动作的速度、高低来决定整个套路的练习速度、架势的大小，因此起势是十分重要的一个动作。其中马步落掌时屈腿的高低决定整套拳架的整体高度。

正如李德印老师所讲的：两腿慢慢屈膝半蹲，重心平均落于两腿之间，成马步，两掌轻轻下按至腹前，如按在身前的书桌上，身体舒展正直，如端坐在椅子上。（图2-1-4）

图 2-1-4

图书馆里非常安静，墙上贴着轻拿轻放、保持安静、不要大声喧哗等温馨提示。每个人说话小声而轻柔，脚步轻盈而闲适。假如这时候走进来一个东倒西歪、走路时跺脚的醉汉，当然是很破坏画风的。

左脚开立时切忌左脚板"跺脚"式平起平落，幅度也不能太大，不可前俯后仰，上身时刻保持中正。要做到提腿轻灵，落步无声，抬左脚向左开步时，应该先抬脚后跟，高不能过右脚踝，落脚时依次按照脚尖、脚掌、脚跟的顺序落地，做到点起点落，轻起轻落。身体重心落在两腿之间，头顶高度没有明显起伏。两手的升降动作与两腿的屈伸要协调一致，呼吸要求均匀细长。注意力要集中，这样才能感受到太极拳的虚实转化等特点。调身、调息、调心，自我引导进入中正安舒的太极状态。

【内外兼修　形神兼顾】

外练手眼身法步，内修精神气力功。太极起势看似简单，其实内意丰富，本势代表由静到动的开始，象征由无极到太极，太极起势如何直接影响整个套路的质量。在这个环节里，将继续创建模型，详细描述起势所要求的身法要领，重点强调"松"和"沉"的重要性，以及它们之间的辩证关系。

吊兰，也叫垂盆草，除了具有类似兰花的叶子之外，还能生发出茎状的枝节垂向四周，枝节上的叶子成簇分布，就像人手张开的五指。吊兰外形美观，清爽大方，使人顿觉清风徐来，惠风和畅。吊兰的生命力很顽强，在茎上摘下一簇嫩叶，栽在土中它自己就会迅速生长起来。

在太极拳的传授过程中非常注重使用形象思维和借物想象法，这也叫"意识造型"或"借假修真"。比如"虚领顶劲"，陈鑫先生说："如同用绳子从百会穴将人向上悬起似的。"下面将借助吊兰模型，形象地描述一下起势的身法要领和内意要求。（图2-1-5）

图2-1-5

1. **虚领顶劲**　陈微明著《太极拳术》一书中，杨澄甫先生口述了"太极拳十要"，其中"虚领顶劲"是太极拳的十大要领之一，也是十大要领之首。"虚领顶劲"的诀窍是头颈正直，下颏微向后收，顶头悬，精神上领。顶头悬，语出《十三势行功歌诀》：尾闾中正神贯顶，满身轻利顶头悬。《拳论》讲，顶劲者，头容正直，神贯于顶也。不可用力，用力则项强，气血不能通流。须有虚灵自然之意，非有虚灵顶劲，则精神不能提起也。

当然，在现实生活中是不可能有一根绳子从百会穴将人向上悬起的，这只是想象而已。但是在古代确实有一个"悬梁刺股"的典故。

吊兰模型除了要提醒行拳走架时时刻保持"头容正直"之外，更重要的提示意义是沉肩坠肘和立身中正。

2. **沉肩坠肘**　吊兰的枝节是有韧性的，所以呈弧形下垂的状态，略含一点外撑的掤劲。"掤"为太极八法之首，太极拳演练过程中要处处有"掤劲"。沉肩坠肘的动作要领同样也要求，手臂微屈，不可伸直，腋下要空出一拳的空间。同时也要求不可耸肩，肘部松垂。沉肩坠肘到位时两臂如同吊兰随风飘动的指节一样，圆滑、饱满、富有曲线美。

3. **心静体松**　吊兰静静地生长，茎叶偶尔随风摆动，自然而优雅。习练太极拳首先必须从"松"和"静"上下功夫。杨澄甫先生说过："一个松字，最为难能，如果真能松静，余者末事耳！"

静：从思想意识放松，洗心涤虑，先将心静下来。通过调节身心，以一念代万念，全神贯注，渐进安舒虚静的状态。只有心静，才能精神集中，使自己的注意力关注到每个细节。

松：全身放松，不用拙力，使全身肌肉、关节、韧带都处于自然舒展的状态，使其不受任何拘束和压迫。周身通经活络、气血通畅，这是太极拳入门的基础，也是太极拳养生保健的理论基础。太极拳具有"柔性武术"之称，因此打太极拳时必须做到去僵求柔、松静圆活，匀缓柔和，舒展大方，犹如和风细雨一般。吴图南先生把松功描绘成拉起的串珠，线断珠落，节节贯串，方显通畅不滞留。又似风吹柳，枝条摆动，而根无动于衷。

4. 气沉丹田　为什么非要把"气"沉到"丹田"呢？太极拳结合经络学说，要求"以意引气，以气运身"，内气发源于丹田，以腰为主宰发力于全身。由花盆想到骨盆，丹田就是肚脐下的某处抽象位置，并非解剖学概念上的内脏器官。道家把丹田比作修炼内气的"丹炉"，在这里把丹田比作花盆里的包绕在吊兰根系周围的土壤，土壤里的水分和花肥滋养着吊兰的生长。中医理论认为丹田是滋养全身的重要部位，生命的发源地，十二经脉之根。

5. 中正安舒　陈鑫在《太极拳论》中讲："身体必以端正为本，放松以周身自然为妙。"吊起来的吊兰就像建筑工人砌墙时用到的"线垂"，用来检查所砌的墙体是否竖直。从力学的角度讲，人体也有一条"重心线"，这条假想的线就是从人体百会穴垂直而下穿过会阴穴至地面的那根无形之线。

吊兰模型可以从整体角度提醒"立身中正"的动作要领和

"虚灵安舒"的内意要求。无论是"立身中正"还是"尾闾中正",都要求行拳走架时努力使重心垂线在支撑面内,身体处于平衡稳定状态。全身要对称、平衡、沉稳,不偏不倚。要正确协调形、气、劲、神之间的和谐统一,最终达到"中正安舒"的和谐状态。

另外还想引申一下,"中正"的思想在我国传统道德文化中始终占有重要的地位,朱熹在《四书集注》中写道:"中者,不偏不倚。"

心静则体松,体松则形柔,形柔则身活,身活即周身圆活。

对于起势中如含胸拔背、松腰实腹、松胯圆裆等其他的动作要领,将在之后的内容中通过创建其他的模型择机讲述。

最后,做一下总结。虚领顶劲,顶头悬,头顶好像被绳子轻轻吊起一样。顶头悬利于沉肩坠肘,沉肩坠肘时要求肩部松沉,肘部微屈,肩关节和肘关节就像吊兰的枝节一样时刻保持自然垂下的状态。

【养生励志　一举多得】

在上一个环节中,结合吊兰模型强调了上半身的身法要求,重点强调了"虚领顶劲"和"气沉丹田"的重要性。下面将人体整体作为研究对象,结合养生励志的话题来简述一下太极桩功的动作要领和内意要求。

太极桩功是太极拳入门的基本功,拳谚云:百练不如一站。"站桩功"既有稳定身心之功,又有稳定平衡之能。太极拳的桩功主要有五桩:无极桩、太极桩、开合桩、起落桩和虚实桩。

练习日久，可以提高太极拳的专项素质，端正身体姿势、沉稳重心，为掌握太极拳技术动作打下良好的基础。站桩作为医疗功法，在康复医疗领域也得到了广泛推广。经过实践证明，站桩具有明显的养生和康复治疗效果，对一些慢性病，如高血压、神经衰弱、慢性胃肠炎、自身免疫性疾病等，都收到了良好的效果。另外，太极桩功在站桩中所使用的"存思意守"和"精神假借"等方法，还可以使人磨炼意志品质、心理素质和开阔思维。

太极桩动作要求：两脚分开，与肩同宽，双腿微屈，膝盖不过足尖，重心落于两脚之间，敛臀坐胯，圆裆，含胸拔背，头正直，微微上顶，舌顶上腭，牙齿自然闭合，沉肩坠肘，两手屈肘环抱于胸前，手心向内，手指自然分开，虎口成弧形，手指相对，指尖相距 10 ～ 20 厘米，做到松而不懈，恰到好处。精神要集中，心静体松，意守丹田，两眼平视前方或微闭。初学者建议一次 30 分钟左右。

太极桩功在习练时强调身体姿势、呼吸和意念的相互配合，从而达到身、心、息三者合一的高度协调状态。调身以正姿、调心以养神、调息以养气。站桩时要求思想、情绪、意识逐渐停止活动，心无杂念，使大脑进入一种静、虚、空、轻松超然的愉快境界。

在这里需要说明的是，初学者尤其是第一次练习站桩时是不可能达到这种状态的。因为夜深人不静，我们都有这样的体验，当一个人独自睡觉，周围一点声音都没有的时候，我们耳朵总有嗡嗡响的感觉，你越去控制提醒不让响，越是响得厉害。

怎么办呢，制造点声音吧，比如拿一个时钟摆在床头，听听秒针滴答滴答的声音，反而更加显得夜深人静了。为了达到"蝉噪林逾静，鸟鸣山更幽"的目的，我们在刚开始练习站桩时不妨想一些愉快的事情，利用冥想的方式引导自己自然进入空灵的状态。

《黄帝外经》主张形神兼养，重在养神，即"抱神以静，形将自正"。下面将介绍一种"抱桩守树"的意念导引方式来帮助大家更容易进入中正且心静的安舒状态。

"抱桩守树"的模型为胸前环抱着一棵千年古树，两手臂不可接触树皮。这样做的目的首先是为了正身，首先要求两脚分开，双腿微屈，大树位于两脚之间。大树是直的，这就从意念上时刻提醒自己要身正，两手环抱对称，否则就会碰到大树，这时你再也不怕自己会摔倒了，因为你怀抱着参天大树。慢慢地，你自己变成了大树，尽情地吸收着大自然的氧气、阳光、雨露，成为了大自然的一部分。

第二势

野马分鬃—2
(Part the Wild Horse's Mane on Both Side)

【构建场景　描绘轮廓】

上一势讲到你端坐在图书馆的桌子前面看书。

非常投入地看书，看了许久许久，你感觉有点累了，趴在桌上休息了一会儿后，不知不觉地睡着了，于是就在梦中进入了传说中的世外桃源。这里远处有高山云海，山中有深谷桃园，近处有草地，有小溪，有芦苇坡，还有丹顶鹤。

接下来是第二势：野马分鬃。

草地上有一本古书，你拿起这本书，在开满野花的草地上一边走路一边看书，一边走路一边看书，一边走路一边看书。

为什么要重复三次呢，野马分鬃，也叫左右野马分鬃，本势一共三组动作，也就是三步。分别是左野马分鬃、右野马分鬃、左野马分鬃。

【分解动作　规范拳架】

1. 第一步：左野马分鬃

（1）丁步抱球：身体微微向右转，身体重心逐渐移至右腿上，接着身体再微向左转，上身面对左前方。同时右臂向上划弧，平屈于胸前，手背高与肩平，手心向下，左手下落划弧，运摆至腹前时翻转托掌，两手心相对成抱球状。随之左脚收至右脚内侧，脚尖点地，成丁步，目视右手背。（图 2-2-1）

图 2-2-1

（2）左转迈步：重心仍保持在右腿，身体左转，左脚向左前方迈出一步，左脚跟着地。（图 2-2-2）

图 2-2-2

（3）弓步分靠：左脚掌踏实后，左腿前弓，身体重心移至左腿，右脚跟后蹬稍外碾，右腿自然伸直，成弓步。同时两手随转体慢慢分别向左上方和右下方分开，边转边分，向左斜靠，左手高与眼平，肘部微屈，手心斜向上，右手落在右胯旁，肘部微屈，手心向下，指尖向前，眼随手动，定势时眼看左手。（图 2-2-3）

图 2-2-3

2. 第二步：右野马分鬃

（1）丁步抱球：右腿屈膝，重心慢慢移动到右腿，左脚尖翘起外摆。左脚踏实，身体左转，重心移至左腿，右脚提至左脚内侧，脚尖点地，成丁步。同时左手掌翻转向下，平屈于胸前，手背高与肩平，右手随转体划弧，运摆至腹前时翻转托掌，两手心相对成抱球状。（图2-2-4）

（2）右转迈步：重心仍保持在左腿，身体右转，右脚向右前方迈出一步，右脚跟着地。（图2-2-5）

图 2-2-4

图 2-2-5

（3）弓步分靠：右脚掌踏实后，右腿前弓，身体重心移至右腿，左脚跟后蹬稍外碾，左腿自然伸直，成弓步。同时两手随转体慢慢分别向右上方和左下方分开，边转边分，向右斜靠，右手高与眼平，肘部微屈，手心斜向上，左手落在左胯旁，肘部微屈，手心向下，指尖向前，眼随手动，定势时眼看右手。（图2-2-6）

图2-2-6

3. 第三步：左野马分鬃

（1）丁步抱球：左腿屈膝，重心慢慢移动到左腿，右脚尖翘起外摆。右脚踏实，身体右转，重心移至右腿，左脚提至右脚内侧，脚尖点地，成丁步。同时右手掌翻转向下，平屈于胸前，手背高与肩平，左手随转体划弧，运摆至腹前时翻转托掌，两手心相对成抱球状。（图2-2-7）

（2）左转迈步：重心仍保持在右腿，身体左转，左脚向左前方迈出一步，左脚跟着地。（图2-2-8）

图 2-2-7

图 2-2-8

（3）弓步分靠：左脚掌踏实后，左腿前弓，身体重心移至左腿，右脚跟后蹬稍外碾，右腿自然伸直，成弓步。同时两手随转体慢慢分别向左上方和右下方分开，边转边分，向左斜靠，左手高与眼平，肘部微屈，手心斜向上，右手落在右胯旁，肘部微屈，手心向下，指尖向前，眼随手动，定势时眼看左手。（图 2-2-9）

图 2-2-9

【创建模型　刻画细节】

[模型一：倒手看书三步走]

野马分鬃包含三步迈步前行的动作，如果将三步走的动作连贯起来就有了一边走路一边看书的动态模型。（图 2-2-10）

第一步：左野马分鬃。

你从桌子上用右手抓起一本古书，丁步抱球时借两手心相对之势，松右手，古书自然下落至左手心，转体迈步，弓步分靠，左手将书举至面前，眼看左手，边走路边看书。分掌动作要和身体左转配合，做到以腰带手。

第二步：右野马分鬃。

重心后移，左臂后撤，丁步抱球时借两手心相对之势，松左手，古书自然下落至右手心，转体迈步，弓步分靠，右手将书举至面前，眼看右手，边走路边看书。重心后坐时，上体保持正直，不要前俯后仰。弓步动作与分手的速度要均匀一致。

第三步：左野马分鬃。

重心后移，右臂后撤，丁步抱球时借两手心相对之势，松右手，古书自然下落至左手心，转体迈步，弓步分靠，左手将书举至面前，眼看左手，边走路边看书。

图 2-2-10

创建左右手交替倒手看书模型的目的是让整个拳架按照一定的逻辑顺序有条不紊地向前推进。

在教学中，很多初学者在习练野马分鬃时容易手忙脚乱。双手划弧摆动时，人的上半身就像一个拨浪鼓一样，不停地在移动、转动和摆动，错综复杂，有一定的难度。如果光看拳谱单纯记忆动作要领和手臂的摆动角度，就很容易左右混淆。创建倒手看书模型后，手臂运摆的轨迹问题就迎刃而解了。

[模型二：丁步抱球——地球仪]

有个倒手看书的动作，也叫丁步抱球。丁步抱球要创建的模型是丁步时手抱一个大一点的气球或地球仪。（图2-2-11）

图 2-2-11

地球仪有两极，一手是北极，一手是南极，两手相抱，手心相对，成抱球状。两掌到胸壁的距离是两掌之间的距离的一半，也就是球体的半径。因此两手不能太贴身，否则，这个球就会被挤出去。另外，丁步抱球整体也可以比作地球仪，重心在右腿，右腿相当于地球仪的底座。地球仪是倾斜的，左腿屈膝成弓状。另外，随着能力的提高和腿部力量的加强，抱球时左脚可抬离地面。从行拳走架的角度来说，此处抱一个气球比较合适，那为什么还要创建一个抱地球仪的模型呢？主要目的是埋下一个伏笔，因为在讲其他太极拳套路的时候会用到这个模型。地球仪是可以转动的，这是一个非常重要的过渡性动作，到后面还会多次遇到这个动作，到时将一笔带过，相关动作要领不再过多赘述。

[模型三：野马奔跑]

对野马分鬃要创建的第三个模型，是真野马。野马分鬃就是一个象形动作，它将人的躯干部分比喻为马的头部，两臂和两腿比喻为野马颈部的鬃毛。四肢左右交替摆动配合躯干的不断转动，就像野马在草地上尽情奔跑一样。（图 2-2-12）

图 2-2-12

野马，别名普氏野马，国家一级保护动物，颈粗，蹄宽圆。性机警，善奔驰，一般由强壮的雄马为首领结成 5 ~ 20 只马群，无固定栖息地。野马体格健壮，性情剽悍，遇到狼群也不畏惧，并且还会突然向狼群发起进攻。野马分鬃的实战用法是近身斜靠。当对方出拳进攻时，下按之控制对方手腕向下拉引，上步别腿，破坏对方重心，"持书"之手臂插入对方腋下，用转腰斜靠之力迫使对方仰倒，呈人仰马翻之态。

野马的性格是桀骜不驯的，所以动作要领突出表现在一个"斜"字，弓步分靠，弓步迈向斜前方，身体斜向前，手臂斜向上，手心斜向上。

[模型四：棋盘上的棋子]

野马分鬃中的步法是弓步，最后要创建的一个模型是中国象棋棋盘上的"马"棋子。（图2-2-13）

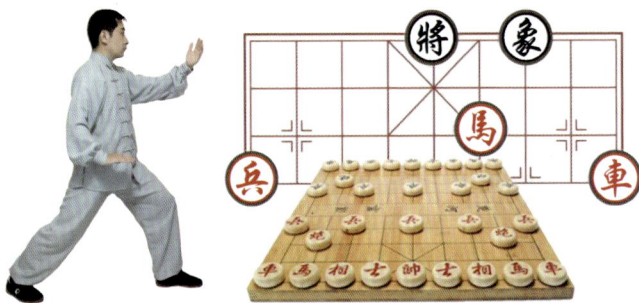

图2-2-13

作为棋子的"马"，在棋盘上走的是矩形的对角线。做"野马分鬃"的"转身迈步"时，脚步也不是像"车"那样走直线，而是像马那样迈向侧前方。人的脚后跟有"马蹄"的感觉，迈步时脚跟先着地，然后脚掌慢慢踏实，屈膝成弓步时后腿自然伸直，前后脚夹角成 45°～60°，前脚尖向前，膝盖不要超过脚尖。脚踏实地后两脚脚跟要分在中轴线两侧，两脚之间要保持一定的距离。

【内外兼修　形神兼顾】

怎样才能在走路时看清书上的字呢？书上写的什么字呢？下面将结合"走路看书"模型，简单探讨一下太极拳的眼法以及书法与拳架法理相参的体现。

边走路，边看书，手足躯干都处于不断的运动之中，动作协调、重心平稳、拳脚到位才能完成三步走的连贯动作。要做到这些，眼法的配合十分关键。

要想看清古书上的字，就要求行拳走架时要做到以眼领手，手眼相随，眼随手动。这就是眼法的基本的外在要求。太极拳强调手眼身法步，心为主帅，眼为枢纽，身为驱使。心为神之舍，眼为心之苗。看书的同时还需要用心（脑）理解或记忆的。这就是涉及眼法的内在要求。神内敛是眼法内层的要求，即对心的要求。意之所至，眼神灌之，其外在于眼，内在于心，内外相合形成心眼身有机统一的整体，看在眼里，想在心中，动在身上。眼法说到底是心神之法，是心眼合一之法。

电影《英雄》有关于谈论书法的片段，无名从残剑的书法中寻找剑法，悟到书法与剑法相通的道理，书法剑法相参，都讲求腕下之力和胸中之气。其实太极拳和书法也有相互借鉴之处。中国传统文化的审美观重视物体的对称平衡之美、中正安舒之美、意境之美。书法的技法在太极拳中都有很好的体现。太极拳在每招每式每个动作中，都要求对称平衡，有上必有下，有前必有后，开中有合，合中有开，刚柔相济，要求所有动作非圆即弧，非顺即逆，折叠缠绕，裆走下弧，要求拳架外形美与内在神韵美有机结合，不仅每个动作的造型都能给人美感，而且要有轻灵而沉稳、舒展而紧凑、圆活而端庄、有理有节、有情有景、赏心悦目、意趣盎然等美感。

【养生励志　一举多得】

你拿起一本古书，边走路边看书，一共三步，并且在每一步衔接时都有一个"后坐摆脚"的过渡性动作。"后坐摆脚"要求身体后撤，稍作调整，以退为进。在这些过程中都暗含哪些道理呢？

1. 边走路边看书，读万卷书，行万里路。

2. 读书要善于将知识总结为思想，进一步指导实践。

3. 人在画中游，要善读无字之书。

倒手看书这个动作暗示了一个重要思想——读万卷书，行万里路。这里的读书可以解释为理论和知识的学习，当然不一定通过读书来获取理论知识，而"行万里路"则可以理解为实践和行动。二者是人生不可或缺的两个重要组成部分。其实这就是中国传统思维所主张的"知行合一"。

首先强调一下读书和学习的重要性。边走路，边看书，让我爱上读书吧！读书是世界上门槛最低的高贵举动，读史使人明智，读诗使人灵秀。每一本书，都是独特的风景，每一个故事，都有心灵相通的感动，每一位读书人，都有着世间最美的样子。人之所以区别于动物，很大程度上在于人能自觉地学习，获取新技能。主持人董卿曾说过："你在读书上花的任何时间，都会在某一个时刻给你回报。"陈鑫先生在《学拳须知》中提示我们："学太极拳要先学读书，书理明白，学拳自然容易。"孔子也曾说："我非生而知之者，好古，敏以求之者也。"

习练太极拳首先应该注意拳理的学习，抓住实质，然后将理论和行拳走架相互结合，甚至要和推手或者实战演练相互结合。这就要求我们在行拳走架中去体悟太极的阴阳转换方法，而不是空洞地分析拳法拳理。对于太极拳的初学者，首先要研读拳论和名家的经典论著，然后将学习到的理论通过盘架来感受和验证，加深对理论知识的理解，达到事半功倍的效果，做到"知行合一"。

另外还要善读无字之书。清代张潮在其《幽梦影》中说得好："善读书者，无之而非书；山水亦书也，棋酒亦书也，花月亦书也。善游山水者，无之而非山水，书史亦山水也，诗酒亦山水也，花月亦山水也。"大意是：人生处处皆学问，善于读书的人，什么都是书，山水也是书，棋酒也是书，花月也是书；善于游山水的人，什么都是山水风景，书籍史册也是山水风景，诗酒也是山水风景，花月也是山水风景。"文章是案头之山水，山水是地上之文章。"

本书不会空洞地讲解太极拳抽象的理论，最重要的是将理论做图像化处理，便于理解和记忆，这也是本书构建山水画场景，创建具体模型的初衷所在。

第三势

白鹤亮翅—3
(White Crane Spreads its Wings)

【构建场景　描绘轮廓】

上一势讲到你在草地上一边走路，一边看书；一边走路，一边看书；一边走路，一边看书。

走着，走着，忽然发现前面小溪旁立着一只丹顶鹤。这只丹顶鹤在干吗呢？当然是在"亮翅"啦。（图 2-3-1）

接下来是第三势：白鹤亮翅。此式动作右臂上提两掌，左臂下落按掌，象形取意，犹如鹤之展翅，故此得名。

图 2-3-1

【分解动作 规范拳架】

1.跟步抱球 身体微向左转，右脚跟进半步，前脚掌轻轻落地，脚尖朝向斜前方45°。右手翻掌向下，左臂平屈胸前，右手向左上划弧，手心转向上，与左手成抱球状，目视左手背。（图2-3-2）

图 2-3-2

2.**虚步分掌**　左脚全脚掌踏实，身体后坐，身体重心移至右腿，上身先向右转，面向右前方，眼看右手，然后左脚稍向前移，脚尖点地，成左虚步，同时身体再微向左转，面向前方，胸部不要挺出，两手随转体慢慢向右上左下分开，右手上提停于右额前，掌心向左后方，斜对太阳穴，左手按掌落于左胯前，手心向下，指尖向前，眼平视前方。（图2-3-3）

图2-3-3

【创建模型　刻画细节】

白鹤亮翅的模型是转动的雷达或者卫星天线接收器。

雷达信号接收装置外形构造大致由底座支架、机械转动轴、凹面天线等部件构成。虚步时重心在右腿，右腿相当于雷达的底座。（图2-3-4）

本势动作要领是以腰为轴，左右转动，所以我们把腰部的脊柱比作雷达的转动轴。具体分析后发现白鹤亮翅整个过程腰部移动朝不同的方向转了三次。

1. 左转：跟步抱球之前，为配合身体重心移动，身体微向左转，右脚跟进半步，准备抱球。

2. 右转：左脚全脚掌踏实后，身体后坐，身体重心移至右腿，上身先向右转，面向右前方。

3. 左转：虚步分掌时，身体再微向左转，微调，面向前方，同时两手随转体慢慢向右上左下分开。

图 2-3-4

雷达为了更好地探测周围的敌情，需要及时旋转。该势不断左右转动的姿态正如一个雷达或者信号接收天线在不断地转动。

丹顶鹤是一种警觉性很高的动物，就像一个活的雷达，即使休息时也是一只腿站着，另一只腿蜷缩着，这样更利于随时脱离危险。创建雷达模型的目的也是为了暗示在练拳中要时刻处于一种警觉的临战状态，这样才会在实战中表现出一触即发、一击必中的实战效果。

【内外兼修　形神兼顾】

下面我们继续拿雷达的机械转动"主轴"来做文章。雷达的主轴转动时类似于人的脊柱的大轴是直的，是需要经常维护的，有时还需要点些润滑油。如果"主轴"弯了，生锈了，不松了，当然也就不能灵敏地转动了。

本环节要借助雷达模型重点探讨的是太极拳中的"腰法"，太极拳对腰部的要求是"直"与"松"。"直"才能顺畅，"松"才能灵活。这正如雷达的机械"主轴"，腰直则身体转动时中轴不曲，全身不致摇晃。松腰是为了灵活，可使招式之间连贯无隙、紧密结合，真正实现"气遍周身不稍滞"。松腰也是为了更好地做到"虚领顶劲"和"气沉丹田"。如果腰部僵硬，就如同生锈的雷达机械"主轴"，行拳时必然会出现俯仰歪斜，身易摇晃，足难站稳，僵劲布满全身。杨澄甫在《太极拳使用法》一书中曾说："腰如车轴，四肢如车轮，如腰不能作车轴，四肢不能转动，自己要想车轴转，可多浇油，腰轴油满方好，用意细细体会自得之，无须教也。"

王宗岳《十三势行功心解》：十三总势莫轻视，命意源头在腰隙。腰隙是太极拳的关键命脉，腰隙在行拳走架过程中处于主宰地位。在太极拳中，腰被称为"中盘"，腰脊位于人体中部，起承上启下的作用，人体的转动、俯仰等都以此为"中轴"。"气如车轮，腰似车轴"是太极拳的基本要求之一。白鹤亮翅这一势从头到尾都非常重视转腰和松腰，着重体现了"腰为轴"和"主宰于腰"的动作要领，所以在行拳走架时要"刻刻留意在腰间"。

最后，再一次借助雷达模型来体会一下太极拳整体用劲的重要性。白鹤亮翅中虚步分掌时身体重心在右腿，右腿相当于雷达的支柱或底座。这就要求无论是定势还是动作转换过程中都要做到敛臀提肛，开胯圆裆，身体重心降低，根基稳固。正如拳论所云："其根在脚，发于腿，主宰于腰，形于手指。"

【养生励志　一举多得】

丹顶鹤非常警觉地探听着周围的动静，就像转动的雷达，监测着周围的敌情。

雷达的出现，是由于第一次世界大战期间英国和德国交战时，英国急需一种能探测空中金属物体移动情况的技术，从而在反空袭战中帮助搜寻德国飞机。不停转动的雷达，不光要定位敌机的方位，还要连点成线计算出目标移动的方向，也就是移动的趋势。

势者，趋势也，趋向也。在本环节中将重点探讨一下太极拳中的"势"，以及在当今社会中抓住事物发展规律，把握趋势，顺势而为的重要性。

古语云："谋定而后动，善弈者谋势，不善弈者谋子。""弈者"，就是下棋的人，"势"就是指客观形势的变化、战略战术的运用、敌我力量的布局和事物发展的趋向。就是说，善于下棋的人，总是先要把握棋局发展的总体趋势，而不计较于一兵一卒的得失。时代在变，世界在变，趋势也在变。谋定而后动，得势者如顺水推舟。小米手机创始人雷军有句名言："只要站在风口，猪也能飞起来。"

太极拳强调"知其力，用其势"，势为由力量所激发的动向。王宗岳著《太极拳谱》对太极拳的释名为：太极拳，一名长拳，又名十三势。长拳者，如长江大海，滔滔不绝也。太极推手，就是运用"掤、捋、挤、按、采、挒、肘、靠"等技法以借力、打力使对方身体失去平衡，或发劲掷人跌于丈外的对抗性运动。杨澄甫："太极听劲全是知彼功夫，能黏住敌人，彼不动，我不动，彼微动，我先动，彼不会听劲，一动即跌出矣。"推手的原理就是粘黏连随，尚道取势，引进落空，四两拨千斤。

太极拳走架行功，第一个动作为"起势"，最后一个动作为"收势"，太极拳从起势到收势，身似太极，手挥八卦、脚踏五行。白鹤亮翅为第三势，各种太极拳套路均由"势"编排组合而成。《现代汉语词典》对"势"之诠释内容之一是"一切事物的力量表现出来的趋向"。太极拳势势环环相连，势势紧扣，始终处在一个不断运动变化的状态，所谓"定势"只是相对的。

初学者，往往会在一招一式中有间断，这是太极拳之大忌，称之为断劲。有断劲，就不是太极功夫。太极拳从起势开始，一个动作的结束就是下一个动作的开始，连续不断，一贯到底。使用本教程习练太极拳就不用担心行拳走架时拳势卡顿或举手忘势了。本书所使用的以故事为索引（谋势），以情节为驱动（造势），追求行拳走架似行云流水，连绵不断，如长江大海，滔滔不绝也。

　　有人预测健康产业是将来的一个趋势，习练太极拳不仅能获得健康，还能为自己储备一个技能，何乐而不为呢？

第四势

搂膝拗步—4
(Brush Knee and Twist Step on Both Side)

【构建场景　描绘轮廓】

上一势讲到你发现了一只丹顶鹤，你想去捉住这只丹顶鹤。于是你开始蹑手蹑脚，慢慢靠近，慢慢靠近，慢慢靠近。接下来是第四势：搂膝拗步。（图2-4-1）

为什么要重复三次呢？这一势和之前的野马分鬃一样，也叫左右搂膝拗步，本势一共三组动作，也就是三步。分别是左搂膝拗步、右搂膝拗步、左搂膝拗步。

图 2-4-1

【分解动作　规范拳架】

1. 第一步：左搂膝拗步

（1）丁步托掌：身体微向左转，右手从体前下落，身体再右转，右手继续由下向右后上方划弧至右肩外侧，肘微屈，手与耳同高，托掌时手心斜向上。同时左手运摆划弧至右肩前，手心斜向下。随之左脚收至右脚内侧，脚尖点地，成丁步，眼看右手。（图 2-4-2）

（2）屈肘迈步：身体稍左转，左脚向左前方迈出一步成左弓步，脚跟轻轻落地，右臂屈肘，右手收至耳旁，掌心斜向前。左手按在腹前，眼看前方。（图 2-4-3）

图 2-4-2

图 2-4-3

（3）弓步搂推：身体继续左转，重心前移，左脚踏实，左
腿屈弓，右腿自然蹬直成左弓步，左手向下经左膝前向左搂过，
按于左胯外侧，掌心向下，指尖向前。右手向前推出，指尖与
鼻尖相对，掌心向前，指尖向上。右臂自然伸直，肘微屈垂，
眼看右手。（图 2-4-4）

图 2-4-4

2. 第二步：右搂膝拗步

（1）丁步托掌：右腿慢慢屈膝，上身后坐，身体重心移到右腿。身体左转，左脚尖翘起外摆，脚掌慢慢踏实，左腿前弓，身体重心移至左腿，右脚收至左脚内侧，脚尖点地，成丁步。同时左手向外翻掌经左后方向上划弧至左肩外侧，肘微屈，手与耳同高，托掌时手心斜向上，右手随转体运摆划弧至左肩前，手心斜向下。眼看左手。（图 2-4-5）

图 2-4-5

（2）屈肘迈步：身体稍右转，右脚向左前方迈出一步成右弓步，脚跟轻轻落地，左臂屈肘，左手收至耳旁，掌心斜向前。右手按在腹前，眼看前方。（图2-4-6）

（3）弓步搂推：身体继续右转，重心前移，右脚踏实，右腿屈弓，左腿自然蹬直成右弓步，右手向下经右膝前向右搂过，按于右胯外侧，掌心向下，指尖向前。左手向前推出，指尖与鼻尖相对，掌心向前，指尖向上。左臂自然伸直，肘微屈垂，眼看左手。（图2-4-7）

图 2-4-6

图 2-4-7

3. 第三步：左搂膝拗步

（1）丁步托掌：左腿慢慢屈膝，上身后坐，身体重心移到左腿。身体右转，右脚尖翘起外摆，脚掌慢慢踏实，右腿前弓，身体重心移至右腿，左脚收至右脚内侧，脚尖点地，成丁步。同时右手向外翻掌经右后方向上划弧至右肩外侧，肘微屈，手与耳同高，托掌时手心斜向上，左手随转体运摆划弧至右肩前，手心斜向下。眼看右手。（图 2-4-8）

图 2-4-8

（2）屈肘迈步：身体稍左转，左脚向左前方迈出一步成左弓步，脚跟轻轻落地，右臂屈肘，右手收至耳旁，掌心斜向前。左手按在腹前，眼看前方。（图 2-4-9）

（3）弓步搂推：身体继续左转，重心前移，左脚踏实，左腿屈弓，右腿自然蹬直成左弓步，左手向下经左膝前向左搂过，按于左胯外侧，掌心向下，指尖向前。右手向前推出，指尖与鼻尖相对，掌心向前，指尖向上。右臂自然伸直，肘微屈垂，眼看右手。（图 2-4-10）

图 2-4-9

图 2-4-10

【创建模型　刻画细节】

搂膝拗步要创建的模型，就是故事里所描述的在草地上连续前进三步试图去捉丹顶鹤的过程。

其中，两手臂的摆动轨迹也是不好记忆的。下面就结合这个场景，定义每个动作的特定意义，以便让整个拳架具有一定的逻辑意义。先来看第一步：左搂膝拗步。

第一步：左搂膝拗步要创建的模型是抛气球。第一步的丁步托掌时两手臂运摆的幅度比较大，两手臂在身前会呈现一个短暂的抱球印象，可以想象如下场景：在静悄悄的草地上，突然飘来一个气球，你抱起了气球，接着又将气球抛到了右后方。（图2-4-11）

图2-4-11

第二步和第三步的两臂运摆轨迹和第一步稍有不同，整个过程就像两手交替撸了一下袖子，运摆幅度较小，相对简单。（图2-4-12）

图2-4-12

弓步搂推，我们可以做一下场景假设：

丹顶鹤多栖息于四周环水的浅滩上或苇塘边，主要以鱼、虾、水生昆虫以及水生植物的果实为食。搂膝时就像搂开过膝的草丛。也可能是提了一下裤腿，以防脚下坑坑洼洼里的水弄湿了裤子，在行拳走架时需要注意，每次搂膝的手是不能碰触膝盖的。推掌的意义自然就是试图去捉丹顶鹤了。

整个过程要求身体不可前俯后仰，要松腰松胯。搂手、推掌动作与重心前移协调一致，肘部微屈，左右掌由耳侧向前推出过程中，手腕由直逐渐坐腕，由开始的掌指向前转变为最后的掌根前推。

【内外兼修　形神兼顾】

左右搂膝拗步是一组蹑手蹑脚地靠近丹顶鹤的动作。就像一只猫去捉一只小鸟，这种步法就是很有特色的太极猫步。

太极拳要求手、眼、身、法、步完全协调统一，其中步法多要求走"猫步"，要迈步轻灵，做到点起点落，轻起轻落。

运劲如抽丝，迈步如猫行。太极猫步要求两脚轻起轻落，点起点落，轻灵稳准，如履薄冰，如临深渊。更重要的是松腰沉胯，维持身体重心平衡，两腿虚实变换适当。做到轻灵、和缓，迈步如猫行。

【养生励志　一举多得】

你蹑手蹑脚地靠近丹顶鹤，周围异常的安静，甚至都能听到自己的呼吸，但是绝不能屏住呼吸。下面以养生为话题，探讨一下太极拳的呼吸特点，并为两个最常见的呼吸动作配合原则创建两个形象的动态模型，所见即所得，避免机械记忆抽象的口诀。

太极拳行拳走架时与呼吸的配合通常的规则要求开吸合呼、起吸落呼、进吸退呼、慢吸快呼等。如果我们在行拳时时刻默念这些口诀，那肯定会影响内意活动，下面通过创建模型的方式使这个理论规则变得形象生动，便于操作和体会。

一开一合就是一阴一阳，古人云："一开一合，拳术尽矣。"首先，对"开吸合呼"创建的模型是演奏手风琴的状态。手风琴声音宏大，通过手指与风箱的巧妙结合，鼓动气流颤动琴内的簧片而发声。如果把手风琴中央的风箱比喻为人体的肺部，那就变得生动而形象了。演练太极拳时"开"的动作就类似于两手将手风琴的风箱向两侧拉开的过程，此时风箱充气，肺部吸气。反之，就是"合"的过程，肺部气体由于肺部空间压缩而呼气。（图 2-4-13）

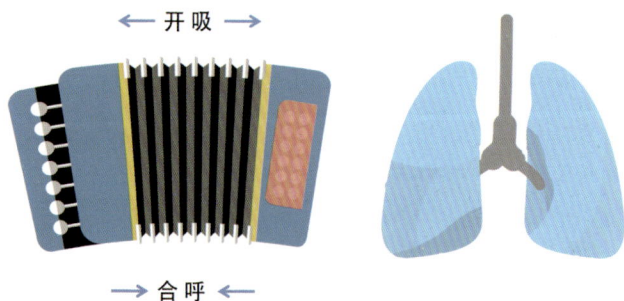

图 2-4-13

其次，对"起吸落呼"创建的模型就是把人体的胸腔比喻为打气筒。演练太极拳时"起"的动作就类似于两手将打气筒的把手向上拉起的过程，随着把手的向上运动，打气筒里的活塞也跟着向上升起，外面的空气跟着进入打气筒内，此时打气筒存储气体，肺部吸气。反之，就是"落"的过程，肺部气体由于肺部空间压缩而呼气。（图2-4-14）

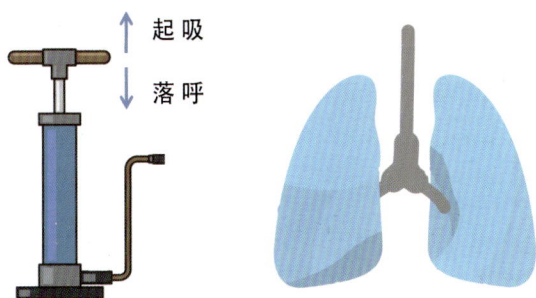

图 2-4-14

现代生理学研究表明深而慢的腹式呼吸可以增加肺泡通气量。每次吸入人体内的气体，一部分将留在鼻或口与终末细支气管之间的呼吸道内，不参与肺泡与血液之间的气体交换，这部分传导性呼吸道的容积称为解剖无效腔。由于无效腔的存在，每次吸入的新鲜空气不能全部到达肺泡与血液进行气体交换，因而肺通气量不能全面反映气体交换的状况。为了计算真正有效的气体交换量，应以肺泡通气量为准，它是指每分钟吸入肺泡的新鲜空气量，等于潮气量和无效腔气量之差与呼吸频率的乘积。计算公式为：肺泡通气量 =（潮气量 - 无效腔气量）×

呼吸频率。对肺换气而言，浅而快的呼吸是不利的。

美国学者希尔在《从呼吸索取生命力》一文中指出："有控制地深呼吸练习，可使大脑尽快消除疲劳，调节神经系统，使人轻松舒畅。"

太极拳练习讲究"内练一口气，外练筋骨皮"，"内练一口气"从练习方法上讲其实就是指腹式呼吸。腹式呼吸时全身处于放松状态，呼吸深长，内脏器官和腹部肌肉随着呼吸进行有节奏的舒张、收缩运动，可以促进胃肠运动，改善消化功能，有利于机体对营养物质的消化吸收。所以腹式呼吸也被称为养生呼吸。南怀瑾在《老子他说》中提到"从炼气而求得祛病延年、长生不老之法"，从中可以看出调节呼吸对人健康的重要性。

太极拳吸取了古代"吐纳术"的精华，强调调息、调身和调心，呼吸时要求"悠、匀、细、缓"，并以腹式呼吸为主，呼吸时气存丹田，自然均匀，舒缓流畅。武禹襄在《十三势行功心解》中说道："能呼吸然后能灵活。"这充分体现了正确的呼吸对太极拳的重要性。

第五势

手挥琵琶—5
(Playing the Lute)

【构建场景　描绘轮廓】

上一势讲到你慢慢靠近，慢慢靠近，慢慢靠近，试图去提住那只丹顶鹤。

这时，从远处深山中传来一缕用琵琶弹奏的古曲仙音，你若有所思，然后幡然醒悟。（图2-5-1）

图 2-5-1

下面是第五势：手挥琵琶。

【分解动作　规范拳架】

1. **跟步后坐**　右脚向前跟进半步，脚前掌轻落于左脚后，右臂稍向前伸展，腕关节放松，重心后移。右脚踏实，左脚跟提起，身体稍右转。然后左手略前移，掌心斜向下，右手屈臂后引，掌心也斜向下。（图 2-5-2）

2. **虚步合手**　身体重心仍在右腿，左脚稍前移，脚跟着地，脚尖翘起，成虚步，膝部微屈。两臂外旋，沉肘屈抱，两手前后交错，侧掌合于体前，左手略向前上方挑举，左手中指尖与鼻尖相对，掌心向右，右手放在左臂肘部里侧，掌心向左，两臂犹如怀抱琵琶。眼看左手。（图 2-5-3）

图 2-5-2

图 2-5-3

【创建模型　刻画细节】

手挥琵琶的定势要求侧身，两手一前一后，犹如怀抱琵琶。所以手挥琵琶的模型，就是弹琵琶。

虚步合手时一手划弧挑掌，一手放到肘部内侧，两手配合完成弹琵琶的动作。左手用来扶住琵琶的头部，左手上起时不要直向上挑，要由左向上、向前，微带弧形。右手护在肘关节处，就像在挥拨琴弦。手有五指，根据数字桩记忆的原理，来顺便记忆一下该势为第五势。在这里需要定位一下左手中指尖的位置。通过这一点，向下引一条垂线，可以对准脚尖，引一条平行线可以对准鼻尖，形成"三尖相照"的姿势。定势时，两臂半屈成弧，舒展圆满。手挥琵琶正是体现了太极拳柔和缓慢、舒展大方、古朴飘逸的动作特点。（图 2-5-4）

图 2-5-4

白居易《琵琶行》："转轴拨弦三两声，未成曲调先有情。"要能让听众感受到曲目的不同风格，这就需要演奏者与琴浑然一体。演练手挥琵琶时要求意念引导动作，逐渐将动作与意念有机结合，合二为一，一气呵成。手挥琵琶的实战用法就是反关节托拿。当一手控制手腕后，顺势向后牵引，一手向上托其肘部，然后两手左右用力内合，采用反关节擒拿方法，来控制对方手臂。

【内外兼修　形神兼顾】

手挥琵琶的定势为虚步合手，表现为虚步后坐和两手相合。虚步时重心的移动要缓慢均匀，虚实分得清，实腿就会越来越沉稳，虚腿就会越来越轻灵。其实，"虚实"也属于"阴阳"的范畴。由此引出太极拳中最重要的"阴和阳"的话题。

《易经·系辞上》："一阴一阳之谓道，继之者善也，成之者性也。"道，就是阴阳变化的规律。太极拳是以阴阳学说为灵魂的拳种，有"一阴一阳之谓拳"之说。《太极拳论》曰："太极者，无极而生，动静之机，阴阳之母也。"太极拳行拳走架时充分体现了太极拳的阴阳学说。在太极拳的拳势里面，有刚柔之分，动静之别，虚实之势。阴阳学说作为中国古代用于辩证、解释事物发展变化的最基本的学说，它是事物发展的源泉。太极拳作为中华传统武术与古代哲学思想相结合的典型代表，它的盘架与技击中，都存在着阴阳变化之理。

陈鑫在《陈氏太极拳图说》中说："太极两仪，天地阴阳，阖辟动静，柔之与刚。"可见，阴阳范畴在太极拳中是最为重要的内容。所以在练习太极拳的时候，要突出刚柔相济、开合相寓、虚实互换、快慢相兼等对立统一法则，劲力上也讲究前发后塌、逢上必下、逢左必右，以维持自身的平衡与和谐，体现阴阳和谐的辩证原则。这样才能领悟到太极拳的高级境界，从而达到强身健体、防治疾病和促进身心健康的目的。

【养生励志　一举多得】

故事里讲到你慢慢靠近，慢慢靠近，慢慢靠近，试图去捉住那只丹顶鹤。这时，从远处深山中传来一缕用琵琶弹奏的古曲仙音，你若有所思，然后幡然醒悟。

丹顶鹤，是我国国家一级保护动物，私自捕捉丹顶鹤是一种违法行为。幡然醒悟和迷途知返在这里体现的是自我反省的可贵品质。犯错并不可怕，可怕的是不知自己犯了错，更可怕的是知错却不肯反省。

荀子《劝学》："君子博学而日三省乎己，则知明而行无过矣。"孔子曾提出："见贤思齐焉，见不贤而内自省也。"朱熹同样也说过："日省其身，有则改之，无则加勉。"所以，应倡导以自省的方式来省察自己的言行，以达到道德的自我完善。孔子的学生曾子也力推自省这一主张，他以"吾日三省吾身"来检视自己。现代心理学把自省定义为自我评价、自我反省、自我调控和自我教育的过程。"自省"是自我意识能动性的表现，是行之有效的德行修养的方法。自省不仅包括自我批判，也包括自我肯定、积极向上的心理暗示。自省不仅能体现出人的优良品质，更是一种提升幸福的能力。

第六势

倒卷肱—6
(Forearm Rollings on Both Sides)

【构建场景　描绘轮廓】

听到从远处深山中传来一缕用琵琶弹奏的古曲仙音，你若有所思，幡然醒悟。于是开始慢慢后退。接下来是第六势：倒卷肱。（图 2-6-1）

首先来回顾一下之前各势的路线图：起势之后是在草地上边走路边看书的左右野马分鬃，一共走了三步。白鹤亮翅之后紧接着又前进了三步，然后就是上一势的手挥琵琶。本势要讲的倒卷肱将是一组连续后退的连贯动作。

图 2-6-1

【分解动作　规范拳架】

倒卷肱一共退了四步，先来看第一步。

1. 倒卷肱一

（1）转体翻掌：重心仍在右腿，身体稍右转，右手翻转向上，经腹前至腰间向右后方划弧平举，右手腕与肩同高，掌心斜向上，手臂微屈。左手随即翻掌向上，眼看右手。（图 2-6-2）

（2）退步卷肱：身体稍左转，左脚轻轻提起，向后退一步，脚前掌轻轻落地，右臂屈肘卷收，右手收至耳侧，掌心斜向前，眼看左手。（图 2-6-3）

（3）虚步推掌：左脚踏实，重心移至左腿，右脚以脚掌为轴将脚扭正，脚跟离地，右膝微屈成虚步。右手由耳侧向前推出，腕高与肩平，掌心向前。左臂屈肘后撤，左手向左下方划弧收至腰侧，眼看右手。（图 2-6-4）

图 2-6-2

图 2-6-3

图 2-6-4

下面继续退第二步。

2. 倒卷肱二

（1）转体翻掌：上体微向左转，左手随转体从腰间向右后方划弧平举，左手腕与肩同高，掌心斜向上，手臂微屈。右手随即翻掌向上，眼看左手。（图2-6-5）

图2-6-5

（2）退步卷肱：身体稍右转，右脚轻轻提起，向后退一步，脚前掌轻轻落地，左臂屈肘卷收，左手收至耳侧，掌心斜向前，眼看右手。（图2-6-6）

（3）虚步推掌：右脚踏实，重心移至右腿，左脚以脚掌为轴将脚扭正，脚跟离地，左膝微屈成虚步。左手由耳侧向前推出，腕高与肩平，掌心向前。右臂屈肘后撤，右手向右下方划弧收腰侧，眼看左手。（图2-6-7）

图 2-6-6

图 2-6-7

下面继续退第三步。

3. 倒卷肱三

（1）转体翻掌：重心仍在右腿，身体稍右转，右手翻转向上，经腹前至腰间向右后方划弧平举，右手腕与肩同高，掌心斜向上，手臂微屈。左手随即翻掌向上，眼看右手。（图 2-6-8）

（2）退步卷肱：身体稍左转，左脚轻轻提起，向后退一步，脚前掌轻轻落地，右臂屈肘卷收，右手收至耳侧，掌心斜向前，眼看左手。（图2-6-9）

图 2-6-8

图 2-6-9

（3）虚步推掌：左脚踏实，重心移至左腿，右脚以脚掌为轴将脚扭正，脚跟离地，右膝微屈成虚步。右手由耳侧向前推出，腕高与肩平，掌心向前。左臂屈肘后撤，左手向左下方划

弧收腰侧，眼看右手。（图 2-6-10）

图 2-6-10

最后继续退第四步。

4.倒卷肱四

（1）转体翻掌：上体微向左转，左手随转体从腰间向左后方划弧平举，左手腕与肩同高，掌心斜向上，手臂微屈。右手随即翻掌向上，眼看左手。（图 2-6-11）

图 2-6-11

（2）退步卷肱：身体稍右转，右脚轻轻提起，向后退一步，脚前掌轻轻落地，左臂屈肘卷收，左手收至耳侧，掌心斜向前，眼看右手。（图2-6-12）

（3）虚步推掌：右脚踏实，重心移至右腿，左脚以脚掌为轴将脚扭正，脚跟离地，左膝微屈成虚步。左手由耳侧向前推出，腕高与肩平，掌心向前。右臂屈肘后撤，右手向右下方划弧收至腰侧，眼看左手。（图2-6-13）

图2-6-12

图2-6-13

【创建模型　刻画细节】

倒卷肱是一组连续后退的动作，要求在向后退步的过程中，支撑腿要保持一定的弯曲度，使重心在移动中水平后移，没有上下起伏，转体托掌和退步推掌连贯完成，中间不要有停顿。

首先要为一个动态衔接的瞬间创建一个风车模型。该动作是"转体翻掌"和"退步卷肱"之间的过渡瞬间。身体四肢在该瞬间的状态描述如下：右手划弧至右后方，准备屈肘卷收；左手外旋向上翻掌，准备撤手；左脚轻轻提起，准备向后收腿，左臂、右臂和左腿相当于风车的三个扇叶。身体右转，重心在右腿，右腿相当于风车的底座。风车整体有顺时针旋转的趋势。（图2-6-14）

图 2-6-14

丹顶鹤为杂食性动物，春季以草籽及作物种子为食，夏季食物较杂，动物性食物较多，植物型食物有芦苇的嫩芽和野草种子等。虚步推掌时，两掌在体前有一个两掌交错的过程。这个过程要创建的模型是投食喂鹤，两掌一推一撤，右掌把左掌上的面包和玉米等食物推向丹顶鹤的方向。要求前推的手不要伸直，后撤手也不可直向回抽，两掌速度要配合协调，避免僵硬。（图2-6-15）

图2-6-15

退步时，脚掌先着地，再慢慢全脚踏实，同时，前脚随转体以脚掌为轴扭正。最后退右脚时，脚尖外撤的角度略大些，便于接做"左揽雀尾"的动作。

【内外兼修　形神兼顾】

创建风车模型是为了体现太极拳动静转换自然，周身协调一致的运动特点。

退步卷肱要求动作和缓，动静结合，就像风车转动那样周身一家，完整一气，身法、步法、腿法要有机配合，保持整个躯体的动态平衡和动态稳定，使全身每个关节都能得到适当的运动。

所谓"一静无有不静"，应指全身处处调解好，达到浑然一气、蓄势待发的状态，静中藏动机，也只有这种静，才能随时产生快速、敏捷的动，也叫"静中求动"。倒卷肱是在退守中反击。当被人从背后环抱控制后，就可以通过转体撒肘击打对方腹部，如果又有人从前方出拳攻来，我可用一手接住，顺势退步牵引，另一手则乘势向前击打对方胸部或面部。

风车模型更深层次体现的是太极拳传统哲学的和谐价值观，强调练拳要追求一动无有不动，一静无有不静，讲究以心行气，以气运身，使心、气、神的运行自然和谐。这就要求人们在练习太极拳时，要达到"周身一家"，必须达到内外、形神和谐统一的境界。

【养生励志　一举多得】

故事中讲道：你试图去捉住那只丹顶鹤，突然从远处深山中传来一缕用琵琶弹奏的古曲仙音，你若有所思，幡然醒悟，于是开始慢慢后退。

果断后退是因为能及时自省，果断后退是因为你怀有一颗敬畏之心。

敬畏，是一种对事物敬重、畏惧的态度。一个人心存敬畏，就能按照自然规律和道德准则行事，追求和谐与真、善、美。"凡敬畏者，心身有所正，言有所规，纠有所止，偶有逾矩，安不出大格。"人一旦没有了敬畏之心，就会肆无忌惮、为所欲为；而有了敬畏之心，才能对自己的言行加以规范，才能让自己的言行符合道德律令。保持敬畏之心，不仅是一种处世技巧，也是一种生命品质。

我们要敬畏真诚和善良等一切美好神圣的事物，它们是生命的意义所在。在一片茂密芦苇丛中，你满怀着爱心用捅挤按的手法扶正并整理了这两棵芦苇。为了不惊扰到正在"亮翅"的丹顶鹤，悄悄地踩着猫步连续后退。边后退边将手掌里的面包片和玉米作为食物推向丹顶鹤。在中国历史上丹顶鹤被公认为一等的文禽。明朝和清朝给丹顶鹤赋予了忠贞清正、品德高尚的文化内涵。文官的补服，一品文官绣丹顶鹤，把它列为仅次于皇家专用的龙凤的重要标志，因而人们也称之为"一品鸟"。

我们要敬畏法律、规则，它们是处事的准则。《明史》记载，明太祖朱元璋一天早朝时突然问群臣："天下何人最快活？"有人说功成名就者最快活，有人说富甲天下者最快活……答案五花八门。朱元璋听着这些回答只是摇摇头，不以为然。这时一个名叫万钢的大臣回答："畏法度者最快活。"朱元璋连连点头，称其见解"甚独"。这话有哲理，也有远见。法度是人类社会的"保护神"，不可亵渎和违反。丹顶鹤，是我国国家一级保护动物，我们当然要遵守法律，不要私自去捕捉任何一只丹顶鹤。

我们要敬畏历史、传统，它们是发展的根基。武，止戈为武。武是停止干戈、消停战事的实力，所以中国古代只有兵器这个词并没有武器这个词。德，是以仁、义为核心理念，以上、止、正为行为操守的言行举止。武德，早在春秋时期左丘明所著的《左传》中就有"武德有七"的论述。太极拳属于中国武术，中国武术特别注重武德的培养，崇尚"仁""义""礼""智""信"，武德水准直接影响功夫的层次。习拳者应以德为本、以和为贵。"掤"是太极推手中的基本技术，是太极四正手之一，这个技术是一个防守姿势，即是捧架对方手臂，构成一道防守线，而四正手第一手即为防守动作，体现出了太极拳的不争和仁爱之心。中华民族文化以伦理为核心，集合了儒家和道家的思想精髓，"仁爱"的思想成为伦理道德的思想主线。"仁爱泛众，推己及人"的思想始终贯穿于太极拳的拳理、拳法和拳性之中。太极习练者当以仁爱为本，以慈和为力，以退让为法，如此，则无敌不化，无坚不摧。这就是道家所谓的不疾而速，不行而至，不为而成。

我们要敬畏生命、健康，有了健康的体魄，才有奋斗的本钱，健康地活着才是我们对生命最崇高的敬畏。完美人生的三大标准是健康、财富和自由。曾有人用这样一组数字"100000000"来比喻人的一生，这里的"1"代表健康，而"0"即代表财富和自由。希望大家敬畏自然规律、敬畏健康、敬畏自己的身体。

怀有一颗敬畏之心，行事有约束，心中有信仰。养成一点浩然之气，守在规矩中，居在方圆内。一切安宁都会不期而至，一切美好都会如约绽放。

第七势

左揽雀尾—7
(Grasp the peacock's Tail Left Style)

【构建场景　描绘轮廓】

第六势讲到你及时自省，迷途知返，连续后退。

慢慢后退，慢慢后退，慢慢后退，慢慢后退，退到了一片茂密的芦苇丛中。在芦苇丛中你发现了两棵倾斜的芦苇，叶子有些凌乱，你满怀着爱心用掤、捋、挤、按的手法扶正并整理了这两棵芦苇。

首先扶正整理的是你前面的一棵芦苇。这就是第七势：左揽雀尾。

【分解动作 规范拳架】

1. **丁步抱球** 身体重心落在右腿上，身体微向右转，左脚收至右脚内侧，脚尖点地，成丁步。同时，左手自然下落逐渐翻掌划弧至腹前，掌心向上，右手由腰间逐渐翻掌划弧至胸前，掌心向下，两掌相对，成抱球状，目视右手背。（图2-7-1）

图 2-7-1

2. **弓步前掤** 身体左转，左脚向左前方迈出一步，脚跟先着地，脚踏实地后身体继续向左转，右腿自然蹬直，成左弓步。同时左臂向前掤出，前臂高与肩平，掌心向后，右手向右下方按掌至右胯旁，肘微屈，掌心向下，指尖朝前，眼看前方顾及左臂。（图2-7-2）

3. **后坐下捋** 身体稍向左转，左手随即向左前方摆伸，掌心向下，同时右手翻掌向上，经腹前向左前方摆伸至左前臂下方，掌心向上。然后身体右转，重心移至右腿，重心微微下沉，两手同时下捋至腹前。右手继续向右后方划弧，手心斜向上，同时左臂平屈于胸前，手心斜向后。定势时眼看右手。（图2-7-3）

图 2-7-2

图 2-7-3

4.弓步前挤　身体稍左转，右臂屈肘折回，右手附于左手腕内侧。右腿蹬伸，身体重心逐渐移向左脚变成左弓步。同时身体继续向左转，同时双手向前慢慢挤出，两臂撑圆，眼看前方及左手腕部。（图2-7-4）

图 2-7-4

5.**弓步前按** 左手翻转向下，右手经左腕上方向前伸出，双手掌指向前，掌心向下，与肩同高，两手左右分开，宽与肩同。然后左脚前蹬，右腿屈膝，身体慢慢后坐，身体重心移至右腿上，左脚尖翘起，同时两手后引收至胸前，再按至腹前。最后，右腿蹬伸，身体重心慢慢前移，左腿前弓成左弓步，同时两手向前、向上沿弧线按出，掌心向前，两腕与肩同高，目视前方。（图 2-7-5）

图 2-7-5

【创建模型　刻画细节】

第七势的左揽雀尾和第八势的右揽雀尾拳架模型相同，动作要领相同，只是方向相反，在此一并论述。

左揽雀尾是用"掤、捋、挤、按"的手法扶正并整理了一棵倾斜的芦苇的过程。整个过程分为四个步骤。（图2-7-6）

图2-7-6

第一个步骤：弓步前掤。

由于芦苇是倒向你这边的，所以先用左手臂向前掤推，使芦苇直立在你面前。迈步时不要急于做上肢动作，掤要配合重心前移完成，做到手脚同时到位。掤时身体相对中正，手臂平屈外撑成弓形，用前臂外侧和手背向前方推出，高与肩平，手心向后，注意与野马分鬃的斜靠相区别。（图2-7-7）

图 2-7-7

第二个步骤：后坐下捋。

芦苇的叶子有些凌乱，你用捋的手法整理了一条长长的芦苇的叶子。芦苇的叶子很长，需要捋到侧后方。（图 2-7-8）

图 2-7-8

第三个步骤：弓步前挤。

我们都有这样的生活经验，芦苇是有韧性的，推一下只能缓解一下倾斜的程度。所以还需要用"挤"的手法进一步扶正芦苇。（图 2-7-9）

图 2-7-9

第四个步骤：弓步前按。

最后为了芦苇再次倾斜，使用双掌前按芦苇。为了更加形象生动，也可以设置如下动作模型。

这棵倾斜的芦苇生长在茂密的芦苇丛中，为了给扶正的芦苇腾出生长的空间，于是就用"按"的手法推开了周边的两棵芦苇。后坐收掌后两手不要停顿，马上承接按掌动作。按掌时不要完全伸直，保持肘关节微微弯曲。（图 2-7-10）

图 2-7-10

【内外兼修　形神兼顾】

第七势和第八势左右揽雀尾体现的是"掤、捋、挤、按"这四个太极拳中主要的劲别和手法，加上"采、挒、肘、靠"，叫太极八法。无论是习练拳架，还是学练推手，都要细心研究。

"掤、捋、挤、按"在太极八法秘诀中是这样描述的。

掤劲义何解？如水负行舟。先实丹田气，次要顶头悬。全体弹簧力，开合一定间。任有千斤重，漂浮亦不难。

捋劲义何解？引导使之前。顺其来时力，轻灵不丢顶。力尽自然空，丢击任自然。重心自维持，莫被他人乘。

挤劲义何解？用时有两方。直接单纯意，迎合一动中。间接反应力，如球撞壁还。又如钱投鼓，跃然声铿锵。

按劲义何解。运用似水行。柔中寓刚强。急流势难当。遇高则澎满。逢洼向下潜。波浪有起伏。有孔无不入。

掤在手臂，是八劲之本，是向上向外之力，是一个周身饱满的合力，有来承接上架的防守含义。顾留馨在《太极拳术》中的"推手概述"中写道："推手中'掤'的手法是一种向前而又向上用力的弧线动作。凡是用意念贯注于肢体任何部位向前旋转地伸展或后旋转地引化的，都是掤法的作用。"

捋在掌中，单手或双手向左（或右）侧后牵引叫捋。捋劲是向旁的横力量，三分向下，七分向后。捋时臂需外旋或内旋，动作走弧形。捋的关键动力在于腰腿与意气而非手臂。以捋发劲时，须全神贯注。

挤在手背，是向前推掷之力，要点在于双手用力一致，两脚抓地前弓。对方用捋势，我方可以借势用挤缓解之，双臂合一，挤动对方。

按在腰攻，按劲是向前推击或上掀之力。按法即控制跟进之意。在推手或对搏中，不论是主动进攻还是被动防守，我先通过有效之法控制对方使其处于劣势，然后再乘胜追击，以按法进击对方。

【 养生励志　一举多得 】

"左揽雀尾"讲的是整理第一棵倾斜的芦苇的过程。芦苇丛中有千万棵芦苇，在第七势中你选取了其中一棵作为整理的对象，掤捋挤按，由始至终，专心致志，最后一步采用"弓步前按"的手法推开了周边的两棵芦苇。在这个环节，要分享的话题是专注。

掌握一项技能，需要专注，稳扎稳打才是关键。一心二用将会一事无成，专注是任何成功人士的重要特质之一。成功也没有捷径可走。孔子曾说："我非生而知之者，好古，敏以求之者也。"当一个人全身心地投入到一件事情中时，他会忘记周围的一切，推开周围的芦苇。人一旦达到如此境界，就离目标不远了。

一天，奥地利作家斯蒂芬·茨威格去乡下探望好朋友——著名雕塑家奥古斯特·罗丹。在简朴的工作室里，罗丹兴高采烈地向朋友介绍自己的一座半身雕像作品。他一边仔细地审视着这件作品，一边对旁边的茨威格说："只有那肩膀上的线条还显得有些僵硬。对不起……"说着说着，罗丹顺手拿起一把小刀就开始刻画这座雕像，自顾自地干了一个多小时，把身边的茨威格忘得一干二净。除了理想中的雕像外，罗丹的脑子里再也装不下任何东西，工作就是他存在的唯一理由。终于，完美的雕像诞生了，大功告成！当罗丹心满意足地朝门外走去时，却突然发现了一直耐心等待的茨威格。他觉得非常过意不去，连忙向茨威格道歉："对不起，朋友，我简直把你忘记了。"虽然被冷落了一个多小时，茨威格却感叹道："我在这一天的收获，比在学校几年的收获还大。我从来没有见过一个人可以如此专注地工作，甚至忘了时间和整个世界，这太让我感动了。在这短短一个小时里，我懂得了成功的秘诀，那就是专注。"

第八势

右揽雀尾—8
(Grasp the peacock's Tail Right Style)

【构建场景　描绘轮廓】

第七势讲到你用掤捋挤按的手法扶正并整理了前面的一棵芦苇，转过身来，发现了另外一棵倾斜的芦苇。下面是第八势：右揽雀尾。

右揽雀尾的拳架和动作要领基本同左揽雀尾，只是方向相反。

【分解动作　规范拳架】

1.丁步抱球　身体后坐并向右转，身体重心移至右腿，左脚尖里扣，右手经体前向右水平划弧至右侧，左手位置不变，双臂肘关节微屈，双手保持立掌。然后，右脚收至左脚内侧，脚尖点地，成丁步。同时，右手自然下落逐渐翻掌划弧至腹前，掌心向上，左手逐渐翻掌划弧至胸前，掌心向下，两掌相对，成抱球状，目视左手背。（图 2-8-1）

2.弓步前掤　身体右转，右脚向右前方迈出一步，脚跟先着地，脚踏实地后身体继续向右转，左腿自然蹬直，成右弓步。同时右臂向前掤出，前臂高与肩平，掌心向后，左手向左下方按掌至左胯旁，肘微屈，掌心向下，指尖朝前，眼看前方顾及右臂。（图 2-8-2）

图 2-8-1

图 2-8-2

3. **后坐下捋**　身体稍向右转，右手随即向右前方摆伸，掌心向下，同时左手翻掌向上，经腹前向右前方摆伸至右前臂下方，掌心向上。然后身体左转，重心移至左腿，重心微微下沉，两手同时下捋至腹前。左手继续向左后方划弧，手心斜向上，同时右臂平屈于胸前，手心斜向后。定势时眼看左手。（图2-8-3）

4. **弓步前挤**　身体稍右转，左臂屈肘折回，左手附于右手腕内侧。左腿蹬伸，身体重心逐渐移向右脚变成右弓步。同时身体继续向右转，同时双手向前慢慢挤出，两臂撑圆，眼看前方及右手腕部。（图2-8-4）

图 2-8-3

图 2-8-4

5.**弓步前按**　右手翻转向下，左手经右腕上方向前伸出，双手掌指向前，掌心向下，与肩同高，两手左右分开，宽与肩同。然后右脚前蹬，左腿屈膝，身体慢慢后坐，身体重心移至左腿上，右脚尖翘起，同时两手后引收至胸前，再按至腹前。最后，左腿蹬伸，身体重心慢慢前移，右腿前弓成右弓步，同时两手向前、向上沿弧线按出，掌心向前，两腕与肩同高，目视前方。（图2-8-5）

图2-8-5

【创建模型　刻画细节】

略。

【内外兼修　形神兼顾】

略。

【养生励志　一举多得】

第八势的右揽雀尾和第七势的左揽雀尾拳架及动作要领相

同，只是左右相反。后面的套路中会出现两个单鞭，另外，左右下势独立和左右蹬脚也存在着重复性问题。其实，各流派传统太极拳套路中经典拳架也会不断地重复。所以就有人问，为什么要重复呢？

拳谚云：拳打千遍，身法自然，其理自现。习练太极拳或学习其他的技艺也需要勤学苦练。太极拳强调全面锻炼，精、气、神三者兼练并举，形神兼修，从而得到性命双修，既练体又修性，以达到身心平衡。正如本书反复强调的，习练太极拳不光要行拳走架，还要不断玩索，反复琢磨拳义拳理。也就是说，不光要用骨架练，还要在心里不断重复练习。

宋代著名画家米芾小时家境不富裕，写字三年亦长进不大。一日，他听说有位路过村里的赶考秀才写字好就去请教。秀才翻看了米芾的临帖后说："想要跟我学写字，有个条件，得买我的纸，可纸贵，五两纹银一张。"米芾心想哪有这样贵的纸，但出于学字心切，米芾一咬牙借来银子交给秀才。秀才递给他一张纸说："回去好好写，三天后拿给我看。"回到家，米芾捧着这张用五两银子买来的纸，左看右看也不敢轻易使用。于是对照字帖，用没蘸墨水的笔在书案上画来画去，反反复复地琢磨，把一个一个的字印在心里。三天后，秀才来了，纸上空空然也。秀才问："怎么还没写？"米芾喃喃地说："我怕弄废了纸。"秀才哈哈大笑，用扇子指着纸说："好了，琢磨三天了，写个字给我看看吧！"米芾抬笔写了个"永"字。秀才一看，字写得遒劲潇洒，便故意问道："你为什么三年学业不进，三天却能突飞猛进呢？"米芾想了想说："因为这张纸贵，不敢像以前那样随便写来，而是先用心把字琢磨透了再写。""对！"秀才说，"学字不光是动笔，还要动心，不但要观其形，更要悟其神，心领神会，才能写好。"说完，挥笔在"永"字后面添了七个字：（永）志不忘，纹银五两。

所以，不管做什么事都要用心，勤学苦练才能有所成就。正如马云说的，复杂的事情简单做，你就是专家；简单的事情重复做，你就是行家；重复的事情用心做，你就是赢家。

单鞭—9
(Single Whip)

【构建场景　描绘轮廓】

此前讲到你在芦苇丛中整理了两棵倾斜的芦苇。穿梭在芦苇丛中，不知不觉，迷失了方向，于是手捏一段树枝，借着阳光的投影，准确定位了正东的方向。这就是第九势：单鞭。

【分解动作　规范拳架】

1.**转体左云**　身体左转，左腿屈膝，重心左移，右脚尖内扣，左脚尖顺势扭正。左手经面前向左划弧云摆至身体左侧，手心斜向外。右手经腹前向左划弧云摆至左胁前，手心斜向内。视线随左手移转。（图 2-9-1）

图 2-9-1

2.丁步勾手　身体右转，右腿屈膝，重心右移，左脚收至右脚内侧，脚尖点地，成丁步。右手经面前划弧云摆至身体右前方翻掌向前随即变勾手，腕高与肩同高。左手经腹部划弧云摆至右肩前，掌心斜向内。视线随右手移转，最后看勾手。（图2-9-2）

图 2-9-2

3.弓步推掌　身体左转，左脚向左前方迈一步，重心前移，

左腿屈弓，右腿自然蹬直，成左弓步。左手经面前慢慢翻转向前推出，腕与肩平，臂微屈，眼看前方顾及左手。（图2-9-3）

图2-9-3

【创建模型　刻画细节】

穿梭在芦苇丛中，迷失了方向，"单鞭"就是拨开芦苇丛准确地定位方向的过程。

芦苇丛很茂密，所以要拨开面前的芦苇开拓出一席之地。一手经面前划弧，一手经腹前划弧，转体左云，两手配合拨开左侧的芦苇。（图2-9-4）

丁步勾手过程中，两手上下交替顺势拨开右侧的芦苇。（图2-9-5）

最后，一手变勾，手捏一段树枝，利用阳光的投影，确定那就是东方，也就是推掌的方向。推掌时要边转边推，折叠缠绕，避实就虚，拨开芦苇。左手向外翻掌前推时，要随转体边翻边推出，不要翻掌太快或最后突然翻掌。（图2-9-6）

图 2-9-4

图 2-9-5

图 2-9-6

【内外兼修　形神兼顾】

"单鞭"在二十四式太极拳中一共出现了两次，在传统太极拳诸多套路中也是多次重复出现。所以"单鞭"就像"丁步抱球"一样，是一个非常重要的过渡性招式。

"单鞭"的典型动作形态是右手捏勾，左手拂面后向前旋挥出，似催马扬鞭，内含鞭抽之劲，因此而得名。

"单鞭"发力原理就像鞭子一样，节节贯串，力达鞭梢。若对方用拳或掌向我击来，我用勾手向右侧化解来力，同时上步，劲生于右脚，经腿、脊柱、手臂，节节贯穿，力达掌指。

【养生励志　一举多得】

穿梭在芦苇丛中，不知不觉，迷失了方向。其实，我们的人生难免起起落落，有时也会经历"迷茫"的煎熬。

面对迷茫，有的人整天把"我好困惑"挂在嘴边，他们深知现状没那么满意，想改变，想去做些努力，但也只停留在口头阶段，有想改变的想法，但没有为此去努力的自我意识。这世上聪明且有想法的人很多，但真正优秀的不多，主要差距在于：对待迷茫的态度，迷茫时刻，你是否愿意做出行动去改变这种局面，是否具有积极的心态。

拿破仑·希尔说："人与人之间只是很小的差异，但这种很小的差异却可以造成巨大的差异。很小的差异即积极的心态或消极的心态，巨大的差异就是成功或失败。"积极的心态包括诚恳、忠诚、正直、乐观、勇敢、奋发、创造、机智、亲切、友善、积极、向善、向上、进取、努力、愉快、自信、自勉和有安全感等。

怎么把这么多抽象的词语形象化呢？为什么要在这一势讲这个话题呢？这都是因为"单鞭"这一势的典型"丁步勾手"。

"勾手"捏勾时掌心含空，五指尖自然捏拢，整体造型，和"极"字的"及"类似。"极"字组词后，可联想到太极、极致、积极的心态等词语。（图2-9-7）

图 2-9-7

当在芦苇丛迷失方向时，你正是通过"积极"的"勾手"捏住一段树枝，利用阳光的投影，确定了正东的方向，最终走出了芦苇丛。

第十势

云手—10
(Wave Hands Like Clouds)

【构建场景　描绘轮廓】

通过第九势单鞭定位方向后，拨开茂密的芦苇，找到了出路。走出芦苇丛后，有两条小溪挡住了去路。你毫不犹豫地跨越了这两条小溪。下面是第十势：云手。

【分解动作　规范拳架】

1. **松勾云手**　身体右转，右腿屈膝，重心后移，左脚尖内扣。左手经腹前向右上方划弧云摆至右肩前，掌心斜向内。同时右勾手松开变掌，再云摆至身体左侧，手心斜向外。（图2-10-1）

2. **跟步云手**　身体左转，重心左移，左手经面前向左划弧云摆至身体左侧，手心斜向外。右手经腹前向左划弧云摆至左肩前，手心斜向内。同时右脚抬起向左侧跟进半步，脚前掌先着地，随之全脚踏实，两腿屈膝半蹲，两脚平行，脚尖向前，眼看左手。（图2-10-2）

图 2-10-1

图 2-10-2

3. 跨步云手　身体右转，重心右移，右手经面前向右划弧云摆至身体右侧，手心斜向外。左手经腹前向右划弧云摆至右肩前，手心斜向内。同时左脚向左跨出一步，脚前掌先着地，随之全脚踏实，脚尖向前，眼看右手。（图2-10-3）

图 2-10-3

4.跟步云手　身体左转，重心左移，左手经面前向左划弧云摆至身体左侧，手心斜向外。右手经腹前向左划弧云摆至左肩前，手心斜向内。同时右脚抬起向左侧跟进半步，脚前掌先着地，随之全脚踏实，两腿屈膝半蹲，两脚平行，脚尖向前，眼看左手。（图 2-10-4）

图 2-10-4

5.跨步云手　身体右转，重心右移，右手经面前向右划弧云摆至身体右侧，手心斜向外。左手经腹前向右划弧云摆至右

肩前，手心斜向内。同时左脚向左跨出一步，脚前掌先着地，随之全脚踏实，脚尖向前，眼看右手。（图2-10-5）

图2-10-5

6.跟步云手　身体左转，重心左移，左手经面前向左划弧云摆至身体左侧，手心斜向外。右手经腹前向左划弧云摆至左肩前，手心斜向内。同时右脚抬起向左侧跟进半步，脚前掌先着地，随之全脚踏实，两腿屈膝半蹲，两脚平行，脚尖向前，眼看左手。（图2-10-6）

图2-10-6

【创建模型　刻画细节】

"云手"是太极拳的标志性动作之一，"云手"这个名称据考证中国山水画中常以水墨螺旋来表示云朵，故此得名。对于这一势研究怎么跨步，再形象说明怎么云手，最后再创建一个模型，强调保持身体平衡的重要性。

首先结合"单鞭"介绍一下过渡性场景。在第九势单鞭中，定位方向，拨开茂密的芦苇，找到了出路。走出芦苇丛后，有两条小溪挡住了去路。紧接着是连续跨越两条小溪的连贯动作。（图2-10-7）

图 2-10-7

为了让整个过程清晰明了，我们把跨越两条小溪的过程分成了五个步骤。

第一步：跟步云手。（图2-10-8）

跟步来到第一条小溪旁，两脚并步，身体处在两条小溪的一侧的位置。

第二步：跨步云手。迈步开始跨越第一条小溪，两脚开步，身体处在横跨第一条小溪的位置。（图2-10-9）

图2-10-8

图2-10-9

第三步：跟步云手。完全跨越第一条小溪，两脚并步，身体处在两条小溪的中间位置。（图 2-10-10）

第四步：跨步云手。迈步开始跨越第二条小溪，两脚开步，身体处在横跨第二条小溪的位置。（图 2-10-11）

图 2-10-10

图 2-10-11

第五步：跟步云手。（图2-10-12）

完全跨越第二条小溪，两脚并步，身体处在两条小溪的另一侧。

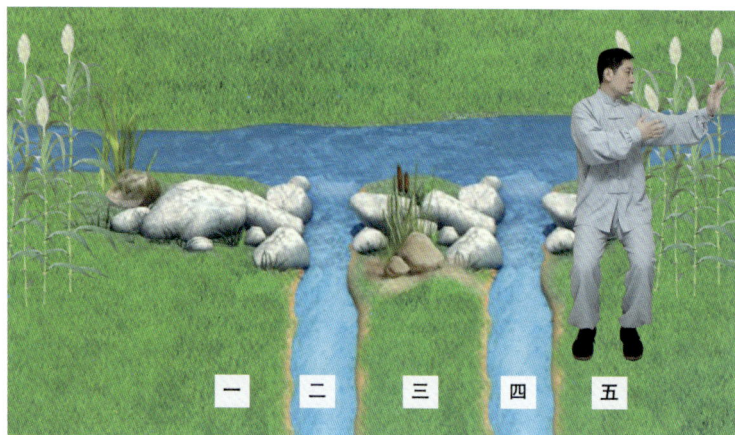

图2-10-12

其次来描述两手的运动轨迹，在我上小学的时候，有一次领导来听课。老师就提前交代我们：如果会，就举右手，如果不会，就举左手。有一个模棱两可的问题，我先举右手，又换成了左手，然后又换成了右手，来回倒手，一不小心就练成了云手。当然，这不是真正的云手，真正的云手要求以腰带臂，左右云摆，活似车轮，循环往复。（图2-10-13）

图 2-10-13

【内外兼修　形神兼顾】

在上一个环节中，我们描绘了四肢的运动轨迹。最后，再创建一个跷跷板模型，将全身动作全面整合，强调保持身体平衡的重要性。（图 2-10-14）

图 2-10-14

跷跷板原理是杠杆原理，人对跷跷板的压力是动力和阻力，人到跷跷板的固定点的距离分别是动力臂和阻力臂。有的跷跷板两头的座位是可以调节的，如果体重轻的人要把重的人跷起来，体重轻的人就要尽量坐到最外端，重的人则要靠近支点坐。循环往复、交替起伏的跷跷板所体现的是一种动态平衡的状态。

太极拳是一种关于平衡的艺术，要做到形体的平衡、心态的平衡、阴阳平衡。人体或任何物体在外力的作用下可以引起运动，但在某些情况下人体也能处于静止平衡状态，这种平衡只是相对的、暂时的。太极推手就是想方设法破坏对方的平衡，引进落空，四两拨千斤。

向恺然为吴公藻《太极拳讲义》作序中说："十三势以中定为主，掤捋挤按十二势为辅。有中定，然后有一切，一切势皆不离乎中定。然后足以言应付。"这段话说明了太极拳习练的核心。只有先求得中正、重心稳定的动态平衡，才能打好太极拳。

【养生励志　一举多得】

云手是连续跨越两条小溪的过程，提到小溪，就不得不说一下水，太极和水，水的文化和水的智慧。

水虽然是生命之根、诸宝之源，但经常往低处流，在最低处汇集。同样的道理，具有修正道德的人也常常会低调和谦逊。越有修养之人，越会低调；越有内涵之人，越会谦虚。

水遇到阻挡物并不会针锋相对，而是绕道而流。包容和宽恕的人就像水一样，既不计较，也不争论。以善巧智慧、不伤害众生的方式来完成自己的目标。

水具备非常大的毅力，每一滴水滴到坚硬的石头上的时候，久而久之连石头都能穿透，这就是所谓的滴水穿石。我们也应该有毅力，做任何事情的时候，无论如何，坚持到底。

孔子说："仁者乐山，智者乐水。"智慧的人懂得变通，仁义的人心境平和。"智者"的智慧当如水之灵活，天下没有比水更柔软的物体了，藏于地下则含而不露，喷涌而上为清泉。

巴尔扎克说："水的智慧就是当它遇到攻击时，它不仅不会一味地反抗，反而还敞开心扉来容纳别人，而只有这样，外来的力量才会和水相容！否则，用一块石头去砸一砸外面的柏油马路试试看，一味地强硬抵抗不仅不能化解任何矛盾，反而还会导致两败俱伤！"

慢慢跨过两条小溪，听潺潺流水，看云雾飘洒。人们常常形容太极拳连绵不断如行云流水。什么是行云流水，这就是行云流水。

第十一势

单鞭—11
(Single Whip)

【构建场景　描绘轮廓】

第十势云手是连续跨过两条小溪的过程，跨过小溪，进入另一片芦苇丛，再次定位方向，下面是第十一势:（第二个）单鞭。

【分解动作　规范拳架】

第十势云手和第九势单鞭的拳架和动作要领基本相同。

1. 丁步勾手　身体右转，重心右移，左脚收至右脚内侧，脚尖点地，成丁步。右手经面前划弧云摆至身体右前方翻掌向前随即变勾手，腕高与肩同高。左手经腹部划弧云摆至右肩前，掌心斜向内。视线随右手移转，最后看勾手。（图 2-11-1）

图 2-11-1

2.弓步推掌　身体左转，左脚向左前方迈一步，重心前移，左腿屈弓，右腿自然蹬直，成左弓步。左手经面前慢慢翻转向前推出，腕与肩平，臂微屈，眼看前方顾及左手。（图2-11-2）。

图 2-11-2

【创建模型　刻画细节】

第二个"单鞭"就是拨开芦苇丛再次定位方向的过程。

第二个"单鞭"是从"云手"的跟步左云手开始的。跨过第二条小溪进入另一片芦苇丛，开始的定势就像左手正在拨开左侧芦苇的动作。（图 2-11-3）

丁步勾手过程中，两手上下交替顺势拨开右侧的芦苇。（图 2-11-4）

图 2-11-3

图 2-11-4

最后，一手变勾，手捏一段树枝，利用阳光的投影，再次确定那就是东方，也就是推掌的方向。推掌时要边转边推，折叠缠绕，避实就虚，拨开芦苇。左手向外翻掌前推时，要随转体边翻边推出，不要翻掌太快或最后突然翻掌。（图2-11-5）

图 2-11-5

【养生励志　一举多得】

第一个"单鞭"是定位方向的过程，第二个"单鞭"是跨过两条小溪后再次定位方向的过程。为什么要两次定位方向呢？方向那么重要吗？答案是肯定的。

方向正确才能顺利走出芦苇丛，职业方向需要定位，人生方向也需要定位。人生最重要的不是目前所处的位置，而是所朝的方向。因此需要不断定位方向，防止行动路线偏离目标。

"南辕北辙"这个成语故事大家并不陌生，它出自西汉刘向《战国策·魏策四》："以广地尊名，王之动愈数，而离王愈远耳。犹至楚而北行也。"故事的主人公仗着马好、钱多、车夫技术高，丝毫不考虑自己的行动方向和目的地是否一致，执意背道而驰，结果在错误的道路上越走越远。它告诉人们：无论做什么事，首先要看准方向，才能充分发挥自己的有利条件，如果方向错了，有利条件只会起到相反的作用。

方向对了，走得慢也没事。更何况，太极拳就是要慢，因为途中的风景很重要。有一位诺贝尔奖获得者在谈到他成功的经验时说："从容思考，从速实行，方向永远比努力更重要。"

第十二势

高探马—12
(High Pat on Horse)

【构建场景　描绘轮廓】

走出芦苇丛，继续前行。这时飘过一片云雾，遇到了一个骑马的老神仙，他站在马镫上为你指点了通往桃园的方向。但是，他却指了两个方向供你选择，这两个方向可以到达哪两个地方呢？下面是第十二势：高探马。

【分解动作　规范拳架】

1.跟步翻掌　右脚向前跟进半步，身体重心逐渐后移至右腿，同时身体微向右转，右勾手变成掌，右脚踏实后两掌心翻转向上，两肘弯曲。眼看右掌。（图2-12-1）

图 2-12-1

2.虚步推掌　身体微向左转，面向前方，左脚跟渐渐离地，右臂屈肘回收至右耳旁。然后，左脚前移，脚尖点地，成左虚步。同时左手划弧收至腰侧，手心向上，右手向前推出，掌心向前，手指与眼同高。眼看右手。（图 2-12-2）

图 2-12-2

【创建模型　刻画细节】

"高探马"要创建的模型是深山问道，仙人指路。（图 2-12-3）

图 2-12-3

话说老神仙其实指点了两条路，他做了一下跟步翻掌，右手掌指了一下说："走那边道路平坦，但只能到达十亩桃园。"（图 2-12-4）

图 2-12-4

接着又做了一个虚步推掌，指了一下前面说："往前走山势险峻，需要跨越两条山涧，可以到达百亩桃园。"你非常坚定地说："我一定要到达百亩桃园。"

整个过程要注意，上体自然正直，双肩要下沉，右肘微下垂。跟步移换重心时，身体不要有起伏。

【内外兼修　形神兼顾】

通过两个"单鞭"确定并修正前进的方向，通过"仙人指路"，设定自己的目标，在目标的引导下，既重视过程，又强调结果。是过程重要呢？还是结果重要呢？对于摘桃子这件事，我可以说"摘到桃子"这个结果更重要。但是过程也是必要的呀，所以只能是相对来说，结果比过程更重要，下面转换一下说法。

要"结果"不要"过程"。

用"结果"不用"过程"。

说了这么多，其实是为了引出下面一句话。

用"意"不用"力"。

"用意不用力"是太极拳术语，用意中的"意"，通常是讲的意念、想法、动机。太极拳中的每一动作、每一套路，自始至终都要在这种意念的指挥下进行。而所谓的"不用力"，是一种相对的说法，世界上没有不用力的动作。动作的完成需要肌肉的收缩，出拳需要用力，身体支撑需要用力。这其中的不用力，意思是指全身放松，不用拙力，不使肌肉紧张。"用意不用力"是太极拳"催僵至柔"的一种修炼方法。

杨澄甫口述陈微明记录的《太极拳术十要》之第六要："太极拳论云：此全是用意不用力。练太极拳，全身松开，不使有分毫之拙劲，以留滞于筋骨血脉之间，以自缚束，然后能轻灵变化，圆转自如……"

对于"用意不用力"，千万不要理解为在行拳走架时就可以软绵绵，松垮垮，全身无力。"用意不用力"这句话本身是想告诉我们，是通过对力的否定，来充分强调意的重要性。这种否定，不是关于力的有无，也不是关于力的多少，而是力与意相比较，哪个是主导，哪个是源头，哪个更重要。

其实，力量是一切武术的基本元素，太极拳对于防守来说体现的是四两拨千斤，进攻时就是千斤打四两。如果手无缚鸡之力，连防守都是无法完成的。

为了更好地说明这个问题，我们引入内三合的概念，内三合是指：心与意合、意与气合、气与力合。也就是说意、气、力是相互依存的，是不可或缺的。

意、气、力都很重要，但"意"是主宰，以意领气，以气导力，重意轻力，祛除僵力，松而不懈，不用拙力，也就是太极拳十要强调的"用意不用力"。

【养生励志　一举多得】

仙人指路也是黄山的一个景点，位于云谷寺至皮篷路口。一怪石屹立峰巅，其状似身着道袍的仙人，他一手举起，像在为游人指点道路。玩转太极拳系列教程，得到了很多太极名家的指点和各位老师的热心帮助，在此向他们表示衷心的感谢。

（图 2-12-5）

图 2-12-5

老神仙指了两条路，你加以取舍，慎重选择，非常坚定地说："我一定要到达百亩桃园。"在本环节将结合故事情节引出关于选择和目标的话题。

目标就是把梦想转变成现实的工具，代表我们想要的结果，也是我们努力的方向。有了目标，内心的力量才会找到方向，漫无目标的努力或漂荡终归会迷路。正如黑格尔所言："假如一个人的人生之舟不知驶向何方，那么它的航行将会是痛苦并徒劳的。"

如果一个人没有目标，就只能在人生旅途上徘徊，永远到不了成功的顶点。人的一生中，最主要的是选择自己的目标，目标确定了，就等于成功了一半。不同的选择将会有不同的结果。如果你选择伟大，你的人生也可能因此而走向伟大。如果你目光短浅，你的人生也可能就只有小成就。

许多人之所以达不到自己梦寐以求的目标，是因为他们的视野太小，而且目标模糊不清，使自己失去动力与恒心。著名苏联作家高尔基告诉人们："目标愈远大，人的进步愈大。"远大目标会告诉人们能够得到什么东西，也会给人一种向上的动力。远大目标会召唤人们采取积极的行动。当我们心中有了一幅远大目标的宏图，我们就能从一个成功走向另一个成功，得到一个又一个快乐。

梦想的实现必须建立在正确的选择上。在成长的道路上，我们一定要时刻慎重对待自己的每一次选择，进而明确自己的目标，创造出另一番天地，开创新的未来。

另外，目标必须是具体的，要便于衡量，而不是笼统、空洞的口号，应尽可能用数量表示出来。

根据以上原则和理论，你非常坚定地说："我一定要到达百亩桃园。"

右蹬脚—13
(Kick with Right Heel)

【构建场景 描绘轮廓】

上一势讲到你在老神仙的指点下，确定了到达百亩桃园的目标，于是你顺着指向来到了山前。山脚下山石林立，到处长满了树木，布满了荆棘。为了实现目标，你马上行动，立刻蹬出了第一脚，这第一步就是第十三势：右蹬脚。

从这一势开始直到第十七势右下势独立描述的是一段曲折的、不断摸索、振奋人心的奋斗之路。

【分解动作 规范拳架】

1.迈步穿掌 重心仍在右腿，左脚提收后再向左前方迈出，脚跟着地，脚尖外撇，右手稍向后收，左手经右手背向右前方穿出，两手交叉，腕关节相交，左掌心斜向上，右掌心斜向下。
（图 2-13-1）

图 2-13-1

2.弓步分掌　重心前移，左脚踏实，屈膝前弓，右腿自然
蹬直，成弓步。两手同时向左右分开，向两侧划弧下落。（图
2-13-2）

图 2-13-2

3. **提膝合抱**　重心移至左腿，右腿屈膝提起，脚尖自然下垂。随着提膝，两手向下划弧后交叉合抱并提至胸前，右手在外，左手在内，手心均向后。（图 2-13-3）

图 2-13-3

4. **分掌蹬脚**　身体保持正直，两掌分别向右前方和左后方划弧分开，肘部微屈，同时右脚尖勾起向右前方慢慢蹬出。（图 2-13-4）

图 2-13-4

【创建模型 刻画细节】

山脚下山石林立，到处长满了树木，布满了荆棘。为了蹬出第一脚，你需要用手扫除前面的郁郁葱葱的障碍。首先，迈步穿掌，左手经右手背向右前方穿出，两手插入荆棘和杂乱的树枝的空隙中。其次，弓步分掌，两掌划弧拨开身前的荆棘和树枝。

再次，提膝合抱，两手交叉合抱架起残余的树枝。最后，两掌分别向右前方和左后方划弧分开，右脚向右前方慢慢蹬出。（图 2-13-5）

图 2-13-5

迈步的脚离地不要太高，步幅要小，落脚时以脚跟先着地，然后慢慢踏实。两手向下划弧时身体不要前俯，两手外分时在身体斜前方走曲线，肘关节保持适当的弯曲度。蹬脚时，左腿微屈，右脚尖回勾，力达脚跟。分手和蹬脚须协调一致，右臂和右腿上下相对。

【内外兼修　形神兼顾】

弓步分掌，动之则分；提膝合抱，静之则合；分掌蹬脚，随曲就伸。王宗岳《太极拳论》："动之则分，静之则合。无过不及，随曲就伸。"

分吸合呼，"分"与"合"除了要与呼吸密切配合以外，还和"动"与"静"，"阴"与"阳"有着密切的联系。

周敦颐在《太极图说》中阐述了阴阳变化，衍生万物的观念：一动阴阳分开，一静阴阳相合；一动一静，刚柔、虚实等等就变化转换。世界上万物的运动转化，都离不开阴阳的开合，离不开动静的转换；阴阳的开合，动静的转换，使世界上的万物生发，所以有"无极生太极，太极生两仪，两仪生四象，四象生八卦，以至于万事万物"的理论。

在太极拳中，这种阴阳的变化就具体为虚实、开合的转换。开合是指动作的外形，虚实是指内在的劲力。太极拳的练习，离不开阴阳的变化，也就是离不开虚实、开合的变化。在练拳中的前进、后退、左旋、右转，动作劲力的刚柔变化等，都是阴阳变化的具体体现。这里除了自身的开合，也包含运动中与对手之间产生的开合，即是进退。无过无不及，即要求劲力恰到好处，不先不后，不早不晚。

【养生励志　一举多得】

战胜拖延：

信念决定未来，行动成就梦想。"右蹬脚"的"分掌蹬脚"立刻迈出了通往桃园的第一步。千里之行始于足下，踏出第一脚，迈出第一步是对"行动力"的最好暗示。

首先，在行动之前一定要有一个明确的目标。这个目标我们已经在贵人的指点下借助上一势的"高探马"确定了，那就是一定要到达"百亩桃园"，而不是"十亩桃园"。

接下来我们要做的事情，有且只有一个，那就是"立即行动"。哪怕仅仅做一个代表性的"蹬脚"或"迈步"的动作也好，总之，我们一定要给我们的潜意识下达一个"即刻行动"的命令。

一旦做出决定就不要拖延，任何事情想到就去做，不要给自己留退路，说什么"以后还有机会""时间还比较充裕"。在制订好计划以后你就没有了后路，唯一的选择就是立即行动。立即行动，使你保持较高的热情和斗志，能够提高办事的效率。拖延只会消耗你的热情和斗志。古时作战，兵家策略是"一鼓作气"，防止"一而再，再而衰，三而竭"。拖延之后再想疲软的心态鼓起斗志是比较困难的。

不要等准备好了再做，你永远都不可能完全准备好。拖延症这个东西有的时候真的很要命，而恰恰这个时代的人多多少少都带有那么一点的拖延症。在看似精心准备的过程中，很可能会错失很多的机会。而这些机会可能错过了就再也不会有下一次，留下的可能就只有遗憾。

马云曾在演讲中说：太多年轻人，"晚上想想千条路，早上起来走原路"。大多数人就是这样的状态，思想很丰富，想法也很多，但真正能按照自己想法去实践的却很少。当今时代，社会发展瞬息万变，光有想法是不够的，行动力和执行力更难能可贵。

幻想毫无价值，我的计划渺如尘埃，我的目标不可能达到，一切的一切毫无意义，除非我们立即行动。最难的不是如何抵达，而是出发，鼓起勇气迈出第一步，远方的路就会在你的脚下无限地延伸。

第十四势

双峰贯耳—14
(Strike Opponent's Ears with Both Fists)

【构建场景　描绘轮廓】

在第十三势时你已经踏出了第一脚，但是那一脚不同于我们平时走平路那种姿态呀，那一脚为什么要蹬那么高呀。其实你的面前是一条陡峭的山路。悬崖峭壁上有一棵苍劲的松树，接着就要把双手用上开始攀登了。下面是第十四势：双峰贯耳。

【分解动作　规范拳架】

1.收脚翻掌　重心仍在左腿，右腿屈膝收回，踝关节自然放松，脚尖自然下垂，双手逐渐翻转向上，双臂平行收回至右膝上方，距离同肩宽，眼看前方。（图 2-14-1）

图 2-14-1

2.**迈步握拳**　重心下沉，右腿向右前方迈出一步，两掌继续下落至腰部，脚跟着地时，两掌慢慢变拳，目视前方。（图 2-14-2）

图 2-14-2

3. 弓步贯拳　右腿蹬伸，身体重心渐渐前移，右脚踏实成右弓步，两拳分别从两侧向上、向前划弧贯拳，两臂半屈成弧，两拳相对成钳形，高与耳齐，拳眼都斜向下，两拳相距同头宽。（图2-14-3）

图 2-14-3

【创建模型　刻画细节】

"右蹬脚"和"转身左蹬脚"之间设置了"双峰贯耳"作为过渡。

悬崖特别陡峭，仅凭蹬脚是不可取的，恰好峭壁的石缝里长着一棵苍劲的松树，接着你抓住松树试图攀登。（图2-14-4）

两手向前贯拳时，伴随划弧动作，前臂逐渐内旋；完成后，双臂屈肘平抬。

弓步贯拳时，要伴随划弧动作，两拳像两座山峰，同时击打对方的太阳穴，两拳之间的距离是一个人头的宽度。

图 2-14-4

弓步贯拳完成后，头颈正直，松腰松胯，两拳松握，沉肩垂肘，两臂均保持弧形。双峰贯耳式的弓步和身体方向与右蹬脚方向一致。

【内外兼修　形神兼顾】

"双峰贯耳"有着很强的攻防含义，对方双拳进攻，我两手下引，顺势往下分开，绕圆向上用双拳猛击对方太阳穴。弓步贯拳时动作迅速，刚猛有力。

王宗岳《太极拳论》："动急则急应，动缓则缓随。虽变化万端，而理唯一贯。"

陈微明注：此言我之缓急随彼之缓急，不自为缓急，则自然能粘连不断。然而两臂松净，不使有丝毫之拙力，能相随之，如是巧合。若两臂有力，则擅自做主张，不能舍己从人矣。动之方向、缓急不同。故曰变化万端。虽不同，而吾之粘随其理则一也。

"动急则急应，动缓则缓随"，指太极推手或技击过程中对劲路、劲力速度变化的要求，是"粘黏连随"原则的内在体现。

【养生励志　一举多得】

"右蹬脚"果断成功迈出了第一步，"双峰贯耳"用手攀登，下一势还要继续蹬脚，上下求索。不忘初心，继续前行，接下来是连续跨越两条山涧的过程。因此"奋斗"就是我们这个环节要分享的话题。

玩转太极拳教程是一系列内容全面、创新式的太极拳教程。每一套教程根据所用素材的不同，可分为老年版和青年版。青年版融入时尚元素和励志元素，献给所有正在打拼路上的奋斗者和年轻人。

《周易》云：天行健，君子以自强不息。天的运动刚强劲健，相应于此，君子处世，应像天一样，自我力求进步，刚毅坚卓，发愤图强，永攀高峰。

"起势"提到了"虚领顶劲"，顶劲者，顶头悬也。所以在这里，我们要讲一个关于"头悬梁，锥刺股"的古代奋斗故事。

"锥刺股"出自《战国策·秦策一》："（苏秦）读书欲睡，引锥自刺其股。"

"头悬梁"见于《太平御览》卷三百六十三引《汉书》："孙敬字文宝，好学，晨夕不休，及至眠睡废寝，以绳系头，悬屋梁。"这里讲的是汉朝孙敬刻苦读书，努力奋斗的励志故事。据说孙敬读书时，随时记笔记，常常一直看到后半夜，时间长了，有时不免打起瞌睡来。一觉醒来，又懊悔不已。有一天，他抬头苦思的时候，目光停留在房梁上，顿时眼睛一亮。随即找来一根绳子，绳子的一头拴在房梁上，下边这头就跟自己的头发拴在一起。这样，每当他累了困了想打瞌睡时，只要头一低，绳子就会猛地拽一下他的头发，一疼就会惊醒而赶走睡意。从这以后，他每天晚上读书时，都用这种办法，发愤苦读。年复一年地刻苦学习，使孙敬饱读诗书，博学多才，成为一名通晓古今的大学问家，在当时江淮以北颇有名气，常有不远千里的学子，负笈担簦来向他求学解疑、讨论学问。

说白了，"头悬梁，锥刺股"就是古人通过刺激身体产生疼痛，用以对抗睡意，刻苦读书，以期学有所成。

天下没有免费的午餐，不努力，难有成就，但努力奋斗的意义，不只在于获得了多少荣誉，得到多少财富，而是当我们努力之后，我们才有机会不拘泥于方寸之地，不用过着毫无新意、一眼能望到头、没有任何期待的日子；我们才能拥有更多的主动选择权，才有底气和实力去选择我们想要的生活。唯有努力，不负光阴。

第十五势

转身左蹬脚—15
(Turn and Kick with Left Heel)

【构建场景　描绘轮廓】

　　右蹬脚和双峰贯耳表现出的是一系列逢山开路的架势，但是经过上下摸索，此路不通，所以转身继续蹬脚。于是就有了第十五势：转身左蹬脚。

【分解动作　规范拳架】

　　1. **转身松拳**　身体左转，左腿屈膝，重心后移，右脚尖内扣，两拳松开变掌左右分开，左手经面前向左划弧，两臂微屈架在身体两侧，掌心向外，眼看左手。（图 2-15-1）

图 2-15-1

2.提膝合抱　重心移至右腿，左腿屈膝提起，脚尖自然下垂。随着提膝，两手向下划弧后交叉合抱并提至胸前，左手在外，右手在内，手心均向后。（图 2-15-2）

图 2-15-2

3.分掌蹬脚　身体保持正直，两掌分别向左前方和右后方划弧分开，肘部微屈，同时左脚尖勾起向左前方慢慢蹬出。（图 2-15-3）

图 2-15-3

【创建模型　刻画细节】

略。（图 2-15-4）

图 2-15-4

【内外兼修　形神兼顾】

略。

【养生励志　一举多得】

右蹬脚和双峰贯耳表现出的是一系列逢山开路的架势，但是经过上下摸索，此路不通。怎么办呢？转身，改变，只有改变才能走出困境，重现生机。

愚公移山毕竟是神话故事，我们改变不了处境，但可以转变自己。改变自己的某些观念和做法，以抵御外来的侵袭。当自己改变后，眼中的世界也就跟着改变了。

鸡蛋，从外打破是食物，从内突破就是生命。改变要从改变自己的思维开始。如果把右蹬脚和双峰贯耳不断向前跨越攀登象征正向思维的话，那么转身左蹬脚就是逆向思维。

逆向思维也叫求异思维，是一种创新性思维，敢于"反其道而思之"，让思维向对立面的方向发展，从问题的相反面深入地进行探索，从而找到解决问题的新途径。逆向思维的形式包括原理逆向、功能逆向、条件逆向、位置逆向、方式逆向。正向思维和逆向思维是分不开的，就像太极图一样，体现了阴阳的辩证关系，也就是矛盾的对立统一哲学原理。右蹬脚和转身左蹬脚就是属于位置或者方位逆向，果然，在转身左蹬脚后就发现了身旁左边通往百亩桃园的秘密通道，当然，这条秘密通道也不平坦，其实就是接下来我们要连续跨越的两条山涧。

第十六势

左下势独立—16
(Push Down and Stand on One Leg-Left Style)

【构建场景　描绘轮廓】

逢山开路，遇水架桥，跋山涉水，不断跨越。右蹬脚、双峰贯耳和转身左蹬脚描述在山中攀登摸索的过程。接下来的左下势独立和右下势独立就是连续跨越两条山涧的过程。

首先是第十六势：左下势独立，跨越一条山涧。

【分解动作　规范拳架】

1. 收脚勾手　重心仍在右腿，身体右转，左腿屈膝收回，左脚下垂收于右小腿内侧，右臂划弧至体前，右掌变为勾手。左手随转身划弧云摆至右肩前，眼看右勾手。（图 2-16-1）

图 2-16-1

2.**跨步落掌**　右腿屈膝半蹲，左脚前脚掌落地，沿地面向左侧跨出一步，随即全脚踏实，左腿伸直，左掌落于右胁前。（图 2-16-2）

图 2-16-2

3. 仆步穿掌 右腿屈膝全蹲，身体左转成左仆步，右勾手在身侧平举，左手经腹前沿左腿内侧向左穿出，眼看左手。（图 2-16-3）

图 2-16-3

4. 弓腿起身 重心移向左腿，左脚尖外撇，左腿屈膝前弓。右脚尖内扣，右腿自然蹬伸。重心升至弓步高度，左手继续向前穿行并向上挑起。右勾手背于身后，勾尖朝上。（图 2-16-4）

图 2-16-4

5.**独立挑掌**　重心移至左腿，右腿屈膝上提，脚尖自然下垂，左腿微屈独立支撑，呈独立步。左手下落按于左胯旁，右勾手变掌，经体侧向前挑起，掌心向左，指尖向上，高与鼻尖平。右臂半屈成弧，肘关节与右膝上下相对。（图2-16-5）

图2-16-5

【创建模型　刻画细节】

"左下势独立"是一系列跨越第一条山涧的动作。

"仆步穿掌"时两脚分别踏在相邻的大石头上，左腿伸直，左脚尖须向里扣，两脚脚掌全部着地。左脚尖与右脚跟踏在中轴线上。

右手捏勾，可以想象用指尖捏着一个线垂。线垂是一种测量垂直的工具，圆锥形，铁铸成，中间挂一根细线，手提住上头，用眼睛去瞄线与物的垂直偏差。右腿全蹲时，上体不可过于前倾。

左手穿掌时要经腹前沿左腿内侧走弧线向左穿出，眼看左

手，整个穿掌过程就像一只老鹰向下俯冲捕捉猎物一样。（图
2-16-6）

图 2-16-6

独立挑掌时重心升高和提膝动作要在重心完全移至左腿后
再进行，以便控制身体平衡。提膝和挑掌动作要配合重心上升
同步完成。动作完成时上体要正直，独立的腿要微屈，由腿提
起时脚尖自然下垂。

【内外兼修　形神兼顾】

"左下势独立"动作幅度比较大，"海拔落差"也比较大，
在技击中有着很强的攻防含义。

王宗岳《太极拳论》：仰之弥高，俯之弥深，进之则愈长，
退之则愈促。

仰为上，俯为下，对方若向我胸部或头部等高处进攻，我方会随即升高重心，使其不可及。对方若向我裆部或腿部等低处进攻，我方会随即降低重心，使其不可及。神龙见首不见尾，欲罢不能，使对方摸不到底。

【养生励志　一举多得】

山涧纵横，溪流交错。"仆步穿掌"就像一把尺子在丈量大地，"独立挑掌"，金鸡独立，遥望远方。所以在这个环节要分享的话题是眼界和格局。

先来说格局，独立挑掌就像一个门楼，中国人在建筑上是讲究大格局的，比如门楣要高，屋宇要广，庭院要深。格局在岳飞那里就是"八千里路云和月，三千功名尘与土"的壮烈。格局在马致远那里却是"小桥流水人家，断肠人在天涯"的孤旅。海纳百川才能有容乃大。心有多大，舞台就有多大，格局一大，内心就会宏阔，精神就会逍遥，灵魂就会奔逸自由。人生如棋，下棋重在布局，也就是人生规划，人生这场修行，就是不断提升格局的过程。

眼界决定格局，格局决定结局。眼界，就是人们认识客观世界的程度和广度。雄鹰高翔蓝天，犀利的目光仍能盯住地上奔跑的兔子。青蛙坐在井里，仰望的目光只能看到井口大的天空。眼界取决于角度。有的人用"直角"看世界，看到的是世界的一个扇面，或者事物的一个侧面；有的人用"广角"，看到的虽非全部，但也精彩；有的人用"全角"，他们眼观六路，耳听八方，通晓古今，视野宏阔，看到的是完整的世界。可见，格局的前提是"看多宽",大格局必有大视野。

　　眼界广者其成就必大,眼界狭者其作为必小。若想让自己拥有更开阔的思路和更长远的眼光,就应该站在高处、站在开阔的地方,去拓展眼界,增长见识。提升自己的眼界和格局,让自己拥有更多可能性。

第十七势

右下势独立—17
(Push Down and Stand on One Leg-Right Style)

【构建场景　描绘轮廓】

紧接着是第十七势：右下势独立，跨越另一条山涧。

【分解动作　规范拳架】

右下势独立和左下势独立动作要领相同。只是两势之间过渡衔接时有个微调动作：落脚勾手，简述如下：

1.*落脚勾手*　右脚落于左脚右前方，脚前掌着地，身体左转，左脚以脚掌为轴随之扭转，左手变勾手提举于身体左侧，高与肩平。右手随转身划弧云摆至左肩前，眼看左勾手。（图2-17-1）

图 2-17-1

2.**跨步落掌** 左腿屈膝半蹲，右脚前脚掌落地，沿地面向右侧跨出一步，随即全脚踏实，右腿伸直，右掌落于左胁前。（图 2-17-2）

图 2-17-2

3.**仆步穿掌** 左腿屈膝全蹲，身体右转成右仆步，左勾手在身侧平举，右手经腹前沿右腿内侧向右穿出，眼看右手。（图 2-17-3）

图 2-17-3

4. **弓腿起身**　重心移向右腿，右脚尖外撇，右腿屈膝前弓。左脚尖内扣，左腿自然蹬伸。重心升至弓步高度，右手继续向前穿行并向上挑起。左勾手背于身后，勾尖朝上。（图 2-17-4）

图 2-17-4

5. **独立挑掌**　重心移至右腿，左腿屈膝上提，脚尖自然下垂，右腿微屈独立支撑，呈独立步。右手下落按于右胯旁，左勾手变掌，经体侧向前挑起，掌心向右，指尖向上，高与鼻尖平。左臂半屈成弧，肘关节与左膝上下相对。（图 2-17-5）

图 2-17-5

【创建模型　刻画细节】

和左下势独立类似，该势要创建的模型是跨越第二个山涧的过程。（图 2-17-6）

图 2-17-6

【内外兼修　形神兼顾】

略。

【养生励志　一举多得】

从第十三势到第十七势右下势独立描述的是一段曲折的、不断摸索、振奋人心的奋斗之路。左下势独立和右下势独立是连续跨越两条山涧的过程。坚持，坚持，再坚持，前面就是"百亩桃园"。

在奋斗的途中我们会碰到很多道路，坦途抑或曲径，都需要去面对，无法逃避。如果前面有阻碍，那么我们就要用炙热的激情，转动心中的期待，奋力把它冲开。练习太极拳也是一样，遭遇挫折时，我们只要坚持，希望就会在前方的枝头绽放。

成功路上并不拥挤，因为坚持的人不多。只有坚持了，我们才知道，这一路上有多少事情需要实干，有多少东西需要学习。随着时间的推移，任何一条通往成功的路上，同行者都会越来越少。把"胜者为王"一词改为"剩者为王"也许更能准确地表达成功与坚持的关系。成功路上需要坚持，坚持才会成功，最终能走到终点的人其实不多。

任何伟大的事业，成于坚持不懈，毁于半途而废。其实，世间最容易的事是坚持，最难的，也是坚持。说它容易，是因为只要愿意，人人都能做到。说它难，是因为能真正坚持下来的，终究只是少数人。巴斯德有句名言："告诉你使我达到目标的奥秘吧，我唯一的力量就是我的坚持精神。"

第十八势

左右穿梭—18
(Work at Shuttles on Both Sides)

【构建场景　描绘轮廓】

一路上，山重水复，柳暗花明，直到有一天，你终于看到了大片的桃树林。你的奋斗终于有了结果。接下来是一系列摘桃子的动作。从第十八势左右穿梭开始到第二十势闪通背，整个过程一共获得了四颗桃子。

第十八势左右穿梭包括左穿梭和右穿梭。踏入桃园，撑开树枝，通过左穿梭摘到第一颗桃子。发现另外一棵桃树，通过右穿梭摘到第二颗桃子。

【分解动作　规范拳架】

左右穿梭包括左穿梭和右穿梭，首先来看左穿梭。

1. 左穿梭

（1）丁步抱球：左脚向左前方迈步，身体左转，右脚收于左脚内侧，脚尖点地成丁步。同时，两手划弧呈抱球状，眼看左手背。（图 2-18-1）

图 2-18-1

（2）迈步错手：身体右转，右脚向右前方迈步，脚跟着地，右手向前向上方划弧，左手向后向下划弧，两手交错，眼看右手。（图 2-18-2）

（3）弓步架推：身体继续右转，重心前移，右脚踏实，右腿屈膝前弓，成右弓步，右手翻转上举，架于右额前上方，掌心斜向上。左手推至体前，高与鼻平，眼看左手。（图 2-18-3）

图 2-18-2

图 2-18-3

2.右穿梭

（1）丁步抱球：重心后移，右脚尖翘起，随着身体左转两臂自然下落。然后，右脚踏实后，左脚收于右脚内侧，脚尖点地成丁步。同时，两手划弧呈抱球状，眼看右手背。（图2-18-4）

图 2-18-4

　　（2）迈步错手：身体左转，左脚向左前方迈步，脚跟着地，左手向前向左上方划弧，右手向后向下划弧，两手交错，眼看左手。（图 2-18-5）

图 2-18-5

　　（3）弓步架推：身体继续左转，重心前移，左脚踏实，左

腿屈膝前弓，成左弓步，左手翻转上举，架于左额前上方，掌心斜向上。右手推至体前，高与鼻平，眼看右手。（图2-18-6）

图2-18-6

【创建模型　刻画细节】

左右穿梭的模型是摘桃子，通过两个左右相反的动作摘下两个桃子。

首先，丁步抱球就像两掌托抱着一个竹篮子，丁步抱球时两掌心相对，两掌不要太贴身，否则篮子会被挤出去。（图2-18-7）

桃树枝比较茂密，弓步架推时，"架掌"拨开前面的树枝，边翻转边上举，架在额头前上方。"推掌"穿梭在树枝中顺利"摘到"一颗桃子。（图2-18-8）

图 2-18-7

图 2-18-8

【内外兼修　形神兼顾】

穿梭于两棵桃树之间，两手配合，撑开树枝，摘到两颗桃子。左右穿梭取自杨氏太极拳，原名为玉女穿梭。左右穿梭以形象而得名，两臂动作犹如织布穿梭，向各个方向如意穿行，旋转八面，往来不断。

两臂穿梭于两棵桃树间摘到了两颗桃子；线梭穿梭于织机之间可以织布；两掌穿梭于对方手臂之间就是太极拳推手。

太极拳推手也称推手、打手、揉手、揭手，是太极拳对练形式，双人搭手，通过运用"掤、捋、挤、按、采、挒、肘、靠"八种技法，按照"粘黏连随、不丢不顶"的原则，运用合理的技术方法，将对方发放出去或使其失去重心。经常练习太极推手，可以锻炼人体反应能力，提高身体灵敏、速度、力量、柔韧等素质。太极拳推手与太极拳套路是体与用的关系，互相补充，相得益彰。推手与太极拳配合练习，更可以收到相辅相成、均衡发展的功效。

在推手练习中，听劲是侦察对方劲路着法的一个重要手段。《陈式太极拳》注："所谓听劲，乃是由皮肤的触觉和内体感觉来探测对方劲的大小、长短和动向的意思。"听劲是懂劲的必由之阶，练习听劲须由学习粘黏劲入手。"人不知我，我独知人"是太极拳听劲的高级境界。

【养生励志　一举多得】

踏入桃园，摘到了两颗桃子，当你摘到第二颗桃子时，顿有所悟。你摘的不是桃子，而是"信念"。

有一年，一片茫茫无垠的沙漠上，一支探险队在那里负重跋涉。阳光很强烈，干燥的风沙漫天飞舞，扑打着探险队员的面孔。而口渴如焚的探险队员们没有了水。这时候，探险队的队长从腰间拿出一只水壶。说："这里还有一壶水，但在穿越沙漠前，谁也不能喝。"

一壶水成了穿越沙漠的信念源泉，成了求生的寄托，使队员们濒临绝望的脸上，又显露出坚定的神色。

终于，探险队顽强地穿越了茫茫沙漠，大家喜极而泣，用颤抖的手拧开了壶盖，没想到汩汩流出的却是满满的一壶沙子。

一路上，跋山涉水，山重水复，能让你坚持到最后的一定是信念，只要你相信自己会到达百亩桃园，就一定能摘到胜利的果实。

第十九势

海底针—19
(Needle at Sea Bottom)

【构建场景　描绘轮廓】

踏入桃园，穿梭在桃树林中，通过左右穿梭摘到了两颗桃子。由于拨动树枝，一颗桃子从树上掉到了一块大石头上。下面是第十九势：海底针，从石头上拾起一个桃子。

【分解动作　规范拳架】

1.跟步提手　右脚向前跟进半步，随后重心后移，右腿屈坐，身体稍右转，右手下落经体侧屈肘划弧至右耳旁，左脚跟离地。左手向前向下划弧落至腹前。（图2-19-1）

图 2-19-1

2.虚步插掌　身体左转，重心移至右腿，右手从耳侧向前下方斜插，掌心向左，指尖斜向下。左手经左膝前划弧搂过，按在大腿外侧，左脚稍前移，脚尖着地成虚步，眼看右手。（图 2-19-2）

图 2-19-2

【创建模型　刻画细节】

海底针的模型是拾起一颗桃子。

拾桃子的过程从右穿梭开始，跟进半步，靠近桃子，一手搂开过膝的草丛，一手从大石头上"拾起"一个桃子。这样就获得了第三颗桃子。（图2-19-3）

图 2-19-3

这颗桃子并没有掉到草地上，而是恰好掉到了一块大石头上。所以"虚步插掌"时不要俯身、弓腰、突臀，而应把重心落在右腿上，松腰松胯，眼向斜下方也就是右手插掌的方向看去。

【内外兼修　形神兼顾】

王宗岳《太极拳论》：立如秤准，活似车轮。在海底针这一势中右手下落经体侧屈肘划弧至右耳旁，右手的运动轨迹是一个立圆，然后再向前下方插掌。左手经左膝前划弧搂过，按在大腿外侧，左手的运动轨迹是身前的一个平圆。"活似车轮"形象生动地体现了太极拳行拳走架时画圆走弧的运动特点，体现出了太极拳的圆柔动态之美。

太极拳是一个圆的艺术，圆都融入到了每一势的动作之中，使太极拳看上去活似车轮一般。每一动势，均有虚实之处，而每招每势也必有圆的印象，在整个拳势中，前进后退，起承开合，折叠旋转，全身上下，无不走圆，圈圈相随相生，来去自如变化无穷，体现出了太极拳的圆通、圆活和圆满。

【养生励志　一举多得】

果熟蒂落，功到自然成。任何一朵鲜花的盛开，都需要花苞不断孕育，任何一颗桃子的成熟，都需要枝叶的长期滋养。习练太极拳是需要下大功夫的，修炼无捷径，勤恒加礼成。得道方得法，功到自然成。

晋代大书法家王羲之，20年临池学书，洗笔把池水都染成黑色了，才有在书法上炉火纯青的造诣。

李时珍跋山涉水，遍尝百草，数十年如一日地收集整理，笔耕不辍，才有药学巨著《木草纲目》的问世。

一滴水从檐楣上掉下来，重重地落在石头上，可是石头上看不到丝毫的痕迹。然而，经过一年、两年……坚硬的石头终于被水滴滴穿。

功是成的基础，必须要经过艰苦的奋斗，这个过程也就是功的积累过程。

第二十势

闪通背—20
(Flash the Arm)

【构建场景　描绘轮廓】

发现前方桃树上还有一颗成熟的桃子，紧接着通过第二十势闪通背摘到了第四颗桃子。

【分解动作　规范拳架】

1.**丁步提手**　慢慢起身，右腿屈膝支撑，左脚收回，脚尖点地落至右脚内侧成丁步，右手上提至面前，指尖朝前，虎口朝上。左手屈臂收举，附于右腕内侧，眼看前方。（图2-20-1）

2.**弓步撑推**　左脚前迈一步成左弓步，左手推至体前，与鼻尖对齐，右掌外撑至头侧上方，眼看左手。（图2-20-2）

图 2-20-1

图 2-20-2

【创建模型　刻画细节】

闪通背也叫"扇通臂"，形容以腰为轴，劲从背发，将两臂比作扇辐，两臂向两侧打开，就像一把扇子张开的样子。闪通背要创建的模型仍然是摘桃子。（图 2-20-3）

图 2-20-3

摘桃子之前，右手上提，左手贴近手腕内侧，做一个挽袖子的动作。然后，右掌向外撑推拨开右侧的树枝，左掌前推去摘第四颗桃子。注意不要同左右穿梭的动作混淆，此处的推掌和弓腿动作是同侧，而左右穿梭的推掌和弓腿动作是异侧。

完成姿势：上体自然正直，松腰、松胯，左臂不要完全伸直，背部肌肉要伸展开。推掌、举掌和弓腿动作要协调一致。

【内外兼修　形神兼顾】

桃之夭夭，支撑八面，下面我们将桃树的枝干和人体的骨骼框架相互类比，进一步阐述经典的拳论要义。

武禹襄《十三势说略》："其根在脚，发于腿，主宰于腰，形于手指。"这句话高度概括了练习太极拳时，上下肢之间和腰的关系。

练习太极拳时全身要求像桃树那样身备五弓，支撑八面，做到蓄劲如张弓，发劲似放箭。所谓五弓，就是上有两臂，下有两腿，中间为脊柱。其中脊柱这张弓就像桃树的树干一样起着决定性作用。五弓合一才能周身一家，五弓齐备，像桃树的枝干那样支撑八面。

【养生励志　一举多得】

"闪通背"整个过程就像打开一把扇子一样，快速把力量通达到两个手臂上，使对方难于还击，强调的是前后撑开的发力过程。其中一个"闪"字强调了太极拳技击过程中对速度的要求。兵贵神速，抓住对方的破绽，快速出击，才有机会取胜。

其实，在我们生活工作中，当然也需要提高效率，抓住稍纵即逝的机会才能更好地完成工作。

第二十一势

转身搬拦捶—21
(Turning body, Pulling, Blocking and Pounding)

【构建场景 描绘轮廓】

跋山涉水，连续奋斗，终于获得了四颗桃子。摘桃子……吃桃子……吃完桃子，剩下四颗桃核。下面分别把四个上衣口袋里的四颗桃核种到周围的悬崖峭壁上。首先是第二十一势：转身搬拦捶，种下第一颗桃核。

【分解动作 规范拳架】

1. 转身摆臂 右腿屈膝后坐，身体重心后移，左脚尖向里扣，身体右转，两掌向右侧摆动，右手摆至身体右侧，左手架在左额上方，两掌心均向外，眼看前方。（图2-21-1）

图 2-21-1

2. **收脚握拳** 重心左移，左腿屈坐，右脚提收至左腿内侧，右手向下向左划弧握拳收于左胁前，拳心向下。左掌架于胸前，眼看前方。（图 2-21-2）

图 2-21-2

3. **迈步搬拳** 右脚向前迈出一步，脚跟着地，脚尖外撇，

右拳经胸前向前翻转搬压，拳心向上，高与胸平，肘部微屈。左手顺势按于左胯旁，掌心向下，眼看右拳。（图2-21-3）

图 2-21-3

4. 拦掌收拳　身体重心前移至右腿上，左脚向前迈一步，身体右转。左手上起经左侧向前上划弧横向拦出。同时右拳向右划弧收到右腰旁，拳心向上。目视左手（图2-21-4）。

图 2-21-4

5.**弓步出拳**　身体左转，重心前移，左腿屈弓，左脚踏实，右腿自然蹬直，呈左弓步，右拳向胸前打出，肘微屈，拳心转向左，拳眼向上。左掌微收，掌指附于右前臂内侧，掌心向右，眼看前方顾及右拳。（图2-21-5）

图2-21-5

【创建模型　刻画细节】

当你吃完四个桃子后，四颗桃核并没有被扔掉，而是放到了上衣的四个口袋里。那么四个口袋都分布在上衣的什么位置呢？哪款上衣外面设有四个口袋呢？对，就是中山装。

中山装是以孙中山先生的名字命名的一种服装。中山装的形制为立翻领，对襟，前襟五粒扣，四个贴袋，袖口三粒扣，后背不破缝。这些形制其实是有讲究的，根据《易经》周代礼仪等内容寓以特定意义。其中上衣外的四个口袋代表"国之四维"（即礼、义、廉、耻）。（图2-21-6）

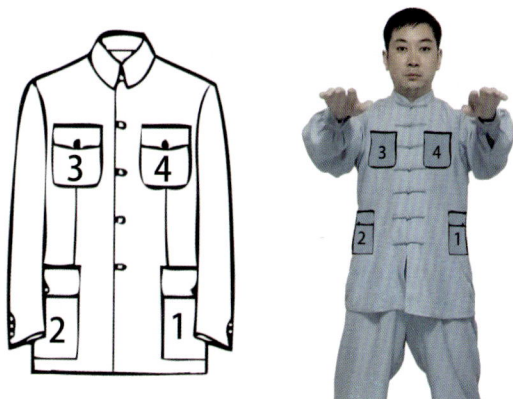

图 2-21-6

假设我们穿的太极拳服上衣也有四个口袋，并且事先分别装进了四颗桃核。其中第一颗和第二颗会种到右侧身旁崖壁的一个平台上，第三颗和第四颗要种到面前崖壁缝隙里。下面将详细描述怎么把第一颗桃核种到身体右侧崖壁平台的泥土里，并为种植第二颗桃核挖好坑。

迈步搬拳：右手"伸进"左下方的口袋取出一颗桃核，握在手心，向前迈进一步，右拳向前翻转搬压，种下第一颗桃核。（图 2-21-7）

拦掌收拳：收回来的右拳"伸进"右下方的口袋取出第二颗桃核，握在手心。左手拦掌摸索下一个适合种植桃核的地方，顺势拨开此处的草丛和松软的泥土。（图 2-21-8）

弓步出拳：握着第二颗桃核的右拳向胸前打出，准备松手种下第二颗桃核。注意，没有松手。不要着急，下一势的动作就会松开右拳，顺利种下第二颗桃核。（图 2-21-9）

由于本势动作较多，运动幅度较大，转身或重心移动时注意虚实转换自然，整个过程要保持上身平稳中正。

图 2-21-7

图 2-21-8

图 2-21-9

【内外兼修　形神兼顾】

转身搬拦捶是一套以进攻为主、兼顾防守的组合拳。该势包含搬拳、拦掌和打拳三个动作。所以，本环节就来介绍二十四式太极拳中的三个基本手型：掌、勾、拳。（图2-21-10）

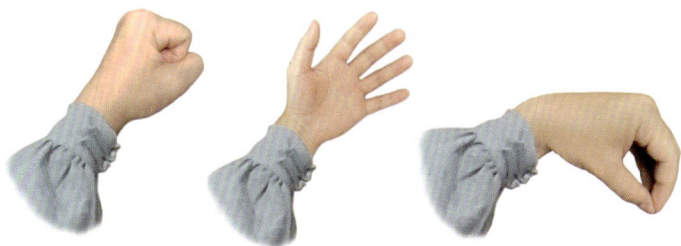

图 2-21-10

拳：四指并拢卷曲，逐渐向掌心卷曲，拇指压于食指和中指的第二指节上，握拳不可太紧，拳面要平，称之为"虚握"。拳心向下为平拳，拳心向左侧或右侧为立拳。不同的动作所体现拳的部位不同，劲力点表现的部位也不相同。

掌：五指自然舒展，食指至小指自然分开，掌心微含，虎口自然撑圆，呈弧形，掌指富有弹性，五指不能僵直或过于弯曲，呈"荷叶"状，也称之为"自然掌"。

勾：掌心含空，五指尖自然捏拢，腕部自然弯曲，呈弧形，称之为"捏勾"。

【养生励志　一举多得】

迈步搬拳，右脚向前迈出一步，向前翻转搬压，将第一颗桃核深深地按压至松软或潮湿的泥土里。

如果把意识比作种子，潜意识则是土壤，你播下什么样的种子，潜意识就会帮助你收获什么样的果实。它们相互配合，密切而默契。当一个人的意识与潜意识协调一致、融为一体的时候，人就会进入一种恬淡虚无的忘我境界。这个时候，意识完全融入潜意识，潜意识就自动发挥它的神奇威力，给人以巨大帮助。

第二十二势

如封似闭—22
(Apparent Close up)

【构建场景　描绘轮廓】

四个口袋里一共装了四个桃核，刚才通过"转身搬拦捶"种下了第一颗桃核，第二颗桃核等待入坑。"如封似闭"将会种下另外三颗桃核。

【分解动作　规范拳架】

1. **穿掌松拳**　左手翻转向上，从右前臂下向前穿出。同时右拳松开变掌，也翻转向上，两手交叉伸举于体前，眼看前方。（图2-22-1）

图 2-22-1

2.后坐收掌　重心后移，右腿屈坐，左脚尖翘起，两臂屈收，两手边分边后引，收至胸前，掌心斜相对，与肩同宽，顺势按至胸前，眼看前方。（图 2-22-2）

图 2-22-2

3.弓步推按　重心前移，左腿屈弓，左脚踏实，右腿自然蹬直成左弓步，两掌经腹前向上、向前呈弧线推出，与肩同宽，腕高与肩平，掌心向前，眼看前方。（图 2-22-3）

图 2-22-3

【创建模型　刻画细节】

"如封似闭"的"闭"指的是"闭门"。弓步按掌，右腿自然蹬直成左弓步，两掌经腹前向上、向前呈弧线推出，就像用手关闭两扇门一样。

"如封似闭"的"封"指的是"封条"。穿掌松拳，左手翻转向上，从右前臂下向前穿出，两手臂在胸前斜向交叉，就像给一个大箱子贴封条一样。种桃核时也需要用土掩埋，把种子"封"到泥土里。好的，下面我们就开始种第二颗桃核。

在上一势中除了成功种下第一颗桃核外，我们还额外做了一些工作。拦掌收拳，左手选定了一个合适的位置，拨开了草丛和泥土，挖好了一个坑。弓步出拳，右手从口袋里抓取了另一个桃核，举到了坑的正上方。

接下来是"穿掌松拳"，左手翻转向上，从右前臂下向前穿出，再一次拨开杂乱的草丛，右拳松开变掌，桃核滚落到坑中。右手翻掌向上的同时，配合左掌在胸前一抹，两掌配合将坑周

围的泥土回填到坑中，这就完美地把第二颗桃核种到了崖壁上的泥土里。（图 2-22-4）

图 2-22-4

　　后坐收掌：两手收至胸前，掌心斜相对，"伸进"上衣胸前的两个口袋"取出"另外两颗桃核。

　　弓步推按：两掌经腹前向上、向前呈弧线推出，将两颗桃核按进了崖壁的缝隙里。身体后坐时，避免后仰，臀部不要突出。推掌时两掌心斜相对，掌指朝上，宽不过肩，劲达掌跟。推掌后两臂不要完全伸直，保持肘关节微微弯曲，做到沉肩垂肘。（图 2-22-5）

图 2-22-5

【内外兼修　形神兼顾】

"弓步推按"时两掌不能直接向前推按，要求松腰松胯，身体重心稍下沉，两掌按至腹前，再经腹前向上、向前呈"S"形弧线推出。这一充满哲理和美感的弧形轨迹使我们联想到天下最完美的图形——太极图。(图 2-22-6)

图 2-22-6

太极图有多个版本，其中流传最广的是阴阳鱼环抱太极图。太极图的形象很简单，一个圆圈、一条"S"形曲线分割出两个相互缠绕的黑白图形，代表阴阳两仪，俗称阴阳鱼。两个黑白小圆点，俗称鱼眼，黑色表示阳中之阴，白色表示阴中之阳。

周敦颐《太极图说》："无极而太极。太极动而生阳，动极而静，静而生阴，静极复动。一动一静，互为其根。分阴分阳，两仪立焉。阳变阴合，而生水火木金土。五气顺布，四时行焉。五行一阴阳也，阴阳一太极也，太极本无极也。"

太极拳技击含义就借鉴了太极图所暗含的阴阳消长规律和以静待动哲学思想，太极拳的技击方法主要是"划画走弧""引化合发"，也就是通过"牵引"来力而"化解"来力，然后再合住来力（借力），最后"发力"攻击。如封似闭有着很强的攻防含义，当对方用双掌推我胸部时，我用双掌托其前臂向后边化边按，随之再用"弓步前按"攻击对方。

【养生励志　一举多得】

存量和增量原本属于经济学的概念。存量是指某一指定的时点上，过去生产与积累起来的产品、货物、储备、资产负债的结存数量；增量则是指某一时间内系统中保有数量的变化。

当引申为增量思维和存量思维后，所探讨的其实就是关于发展的话题。对于国家和社会发展来说，可持续发展是一种注重长远发展的经济增长模式。对于企业发展，要求盘活存量，做强增量。对于个人发展，要求珍惜存量，挖掘增量。罗振宇说："何为人生价值？通俗点讲就是你进入一个世界（某个领域）之后，制造的增量部分，就是你的人生价值。"

如果把存量比作是已经拥有的，那么增量则是你将要获取的。存量如果代表现在，增量则代表未来。正如故事里所讲的，如果说获得的"四颗桃子"是"存量"，那么种下的"四颗桃核"就是"增量"。不光要摘桃子，还要种桃子，以获得更多的桃子，这就是"增量思维"。

故事里有一个细节我再重复一下，第一颗和第二颗桃核是种在崖壁平台上的泥土里的，第三颗和第四颗桃核则是被推按到对面垂直崖壁上的缝隙里的。垂直的缝隙缺少泥土，条件恶劣，不利于桃核生根发芽，甚至有的桃核根本就没有机会生根发芽，这就是不确定性。这正是增量的特点，存量是静态的，增量则是动态的。如果存量代表稳定的话，那么增量代表的就是不确定性。

互联网思维就属于增量思维，互联网时代的特点就是高速度，不停歇地处在发展中，这就让很多守着存量思维的人感到严重的不适应。因为你刚刚使用存量摆开阵势布好局，结果一转眼竞争对手不见了，他们或者采用"降维打击"，或者自我升级，你早已被甩出了好几条街之外。时代抛弃你时，连一声再见都不会说。

大数据、人工智能、区块链……在这个瞬息万变的时代，新鲜事物不断涌现，思维方式更新换代，我们生活的时代充满了巨大的不确定性。张泉灵说："历史的车轮滚滚而来，越转越快，你得断臂求生，不然就跳上去，看看它滚向何方。"

因此，每个人在漫长的人生旅途中不能总想着"储蓄"自己的知识与经验，而要着力从"存量思维"升级为"增量思维"。只有这样，工作才能有创新，个人才能有发展。

十字手—23
(Cross Hands)

【构建场景　描绘轮廓】

你通过"转身搬拦捶"和"如封似闭"两势分别将四颗桃核种到了身旁和对面的悬崖峭壁的缝隙里。

转过身来，你发现前方大石头上有一束鲜花。这束鲜花是哪里来的呢？对，一定是那个老神仙留下的。他相信你一定能来到这个地方。下面是第二十三势：十字手，你抱起了一束象征荣誉的鲜花。

【分解动作　规范拳架】

1.转身摆臂　身体右转，重心后移，右腿屈坐，左脚尖向里扣，右手随着转体动作向右平摆划弧，眼看右手。（图2-23-1）

图 2-23-1

2.**弓腿摆掌** 身体继续右转，成右侧弓步，右脚尖随着转体稍向外摆，同时右手随着转体动作向右平摆划弧，两臂呈弧形架在身体两侧，两掌指尖与肩同高，掌心向外，肘部微屈，眼看右手。（图 2-23-2）

图 2-23-2

3.**收脚合抱** 右脚蹬伸，身体重心慢慢移至左腿，右脚尖里扣，随即向左收回，两脚距离与肩同宽，两腿逐渐伸直，成开立步，两脚尖向前。同时两手向下经腹前向上划弧交叉合抱于胸前，两臂撑圆，右手在外，左手在内，两手交叉成斜"十"字，手心均向后，眼看前方。（图 2-23-3）

图 2-23-3

【创建模型　刻画细节】

两手在胸前交叉环抱成"斜十字"，所以这一势叫"十字手"，该势的"十字合抱"犹如双手下抄将身前的一束鲜花抱起附在胸前。

这里有个非常重要的细节需要强调，这束鲜花不是扔到地上的，而是那位老神仙放到一块大石头上的，这块石头的高度大约和你的腰部同高。所以抱起这束鲜花时不要俯身，不要弯腰，双手向下划弧时重心不要下降，中间过程要求沉肩坠肘、含胸拔背、圆满舒适。（图 2-23-4）

"十字合抱"的定势要求两手腕部与肩同高，左手腕距胸部至少要求两平拳的距离，两臂撑圆，不可抱得太紧，也就是说两手臂不要紧贴胸部，因为那束鲜花是有体积的。

图 2-23-4

【内外兼修　形神兼顾】

上一势讲到前面是悬崖峭壁，转身向右才遇到鲜花。转身时要求重心转换自然，身体不要有起伏。"弓腿摆掌"要求两掌与肩同高，沉肩坠肘，两臂成弧形架在身体两侧。"十字手"的整个过程把太极拳要求的"外三合"体现得淋漓尽致。

"合"的意思就是相互对应协调，合者有六，与之对应的"内三合"具体要求是心与意合、意与气合、气与力合。下面创建一个操纵"提线木偶"的模型，重点强调一下"外三合"。"外三合"具体表现为肩与胯合，肘与膝合，手与脚合。"外三合"是所有武术拳种都十分注重的行拳走架时的身法要求。

提线木偶也叫悬丝木偶。由偶头、笼腹、四肢、提线和勾牌组成，高约两尺。偶头以樟、椴或柳木雕成，竹制胸腹，勾牌与关节间由提线贯穿。提线一般为 16 条，根据木偶动作需要取舍，合阳线戏基本提线 5 条，做特技时可增加到 30 余条，演来细腻传神，技巧高超，自古及今，备受称赞。

行拳走架时"外三合"要求肩与胯，肘与膝，手与脚要密切配合，相互协调。"弓腿摆掌"中右手运摆至右脚正上方时，右脚也伴随着转体稍向外摆，同时屈膝成右侧弓步。此时，手与脚，肘与膝，肩与胯相互对应，近乎垂直，好像有三根绳子连接着对应的两个关节。右手臂就像艺人手中控制木偶的装置，右下肢就相当于被操控运行的木偶。"十字合抱"中有个"收脚合抱"的动作。"收脚合抱"的收脚动作要和抱手动作密切配合，自然连贯。（图 2-23-5）

图 2-23-5

"外三合"要求上下相随、节节贯穿、周身一家。做到"外三合"，拳架自然舒展，身法轻灵。武禹襄的《太极拳论》

开头三句即是："一举动，周身俱要轻灵，尤须贯串。"这充分说明太极拳身法轻灵的重要意义。

【养生励志　一举多得】

首先回顾总结故事中三处与老神仙有关的情节。当你蹑手蹑脚去捉丹顶鹤的时候，老神仙的三两声琵琶古曲惊醒了你，令你及时反省，慢慢后退，跨过小溪，继续前行。老神仙站在马镫上为你指点了通往百亩桃园的方向。最后，老神仙偷偷给你留下了这束象征荣誉的鲜花。

老神仙为什么要帮助你呢？是因为你救了一只梅花鹿。具体故事情节会在陈氏太极拳老架一路教学中详细叙述。

"投桃报李"出自《诗经·大雅·抑》："投我以桃，报之以李。"朱熹《诗集传》："既戒以修德之事，而又言为德而人法之，犹投桃报李之必然也。""滴水之恩，须当涌泉相报。"感恩是一种美好的心理品质，是一种不可磨灭的良知，我们不仅要拥有感恩之心，还要学会感恩，不仅仅是为了报恩，有些恩泽是我们无法回报的，比如父母的养育之恩，我们应该时刻把恩情铭记在心。时刻怀有一颗感恩的心，你就会发现平淡的生活中有很多美好的事物，从而不再焦虑，让自己获得坦荡的心境。

第二十四势

收势—24
(Closing Form)

【构建场景　描绘轮廓】

上一势十字手，讲到你抱起一束老神仙给你留下的象征荣誉的鲜花，仅仅陶醉了一会儿，你又通过收势放下了鲜花。因为在前面最险峰处还有更加美好的风景。下面是最后一式，第二十四式：收势。

【分解动作　规范拳架】

1. 翻手分掌　身体直立，重心落于两腿之间，两臂内旋，两手翻转向下左右分开，与肩同宽，眼平视前方。（图 2-24-1）
2. 垂臂落掌　两臂慢慢下垂，两掌徐徐下落于大腿外侧，眼平视前方。（图 2-24-2）

图 2-24-1

图 2-24-2

3. **收脚还原**　重心移至右腿，左脚轻轻提起与右脚并拢，脚前掌先着地，随之全脚踏实，调整呼吸，慢慢恢复到预备姿势。（图 2-24-3）

图 2-24-3

【创建模型　刻画细节】

上一势的"十字手"是双手下抄将身前的一束鲜花抱起附在胸前的过程。这一势的"翻手分掌"和"垂臂落掌"就是放下鲜花的过程。

"收势"中的"垂臂落掌"和"起势"中的"马步按掌"稍有区别。"收势"中双掌下落时，手臂动作按沉肩、坠肘、落手的顺序依次进行，不要做成按掌。另外，两手左右分开下落时，顺势配合呼气，呼气时要均匀和缓。"收脚还原"后保持心静体松，中正安舒。

【内外兼修　形神兼顾】

收势简单来说就是调整身体和心理状态慢慢还原至预备势的过程。什么是预备式呢？其实，预备式就是起势之前的并步站立的姿势。预备式类似于健身桩功中的"无极桩"，所以也有人称之为"无极势"或"太极势"。

预备势的基本要求：身体自然站立，两脚并拢，两腿自然伸直。肩部放松，两臂自然下垂，两掌呈自然状态，掌心向内，轻触大腿外侧。含胸拔背，头顶悬，下颌微收，口闭齿扣，舌抵上颚，精神集中，表情自然，眼望前方。

预备势的目的是调身、调心、调息，意形合一，阴阳相调，无形无象，让身体处于自然、放松、安静的状态。为开始练习太极拳套路做好充分的准备。

【养生励志　一举多得】

从"起势"到"收势"看似回到了原点，其实不然，这是一个新的起点。你抱起了鲜花，仅仅陶醉了一会儿，又放下了鲜花。因为在前面最险峰处还有更加美好的风景，你仿佛又开始踏上了新的征程。在这个环节，将探讨一下关于成长的两种思维方式：终点式思维和里程碑式思维。

漫长的岁月在我们的基因深处根植了一个东西，那就是一劳永逸。如果你躲到一棵树下，抱着四颗桃子过日子，或者抱起那束象征荣誉的鲜花不放，陶醉其中，不能自拔，其实这就是在使用终点式思维去想事情。

终点式思维：习惯使用该思维思考的人会认为阶段性的成就就是目的，心存着一劳永逸的思想，总想找一些通用的解决办法，总想学一些一辈子都能用的技能，或一个技能就能用很多年，喜欢稳定。

里程碑式思维：习惯使用该思维思考的人会认为目标是会不断成长的，关注的是积累，考虑事情从是否成长出发，没有终极目标，脑海中只有一个个的里程碑，没有尽头，每个目标都是起点，做出的选择都是从"能不能让我有所积累"的角度出发。

对个人而言，成长才是更重要的，一劳永逸的"终点式思维"非常不可取。桃子总有一天会吃完的，花总有一天会凋谢的。如果把某件事当成一个里程碑去看待，那很多事情就豁然开朗了。为了实现成长，我们需要不断做出选择，不断选择那些能让自己积累能力的工作，而不是囿于已有的能力故步自封，然后一切选择都局限于此前提。

善于放下，敢于归零，不断攀登新的高峰，这样才能不断成长。因为在这个时代，人不可能一劳永逸。成长、终身学习，必将成为这个世界、这个时代，哪怕是往后时代的主题。所有的事情都是一个里程碑，努力的人生是没有尽头的，因为在前面最险峰处还有更加美好的风景。

第三章

全程路线图及数字桩记忆

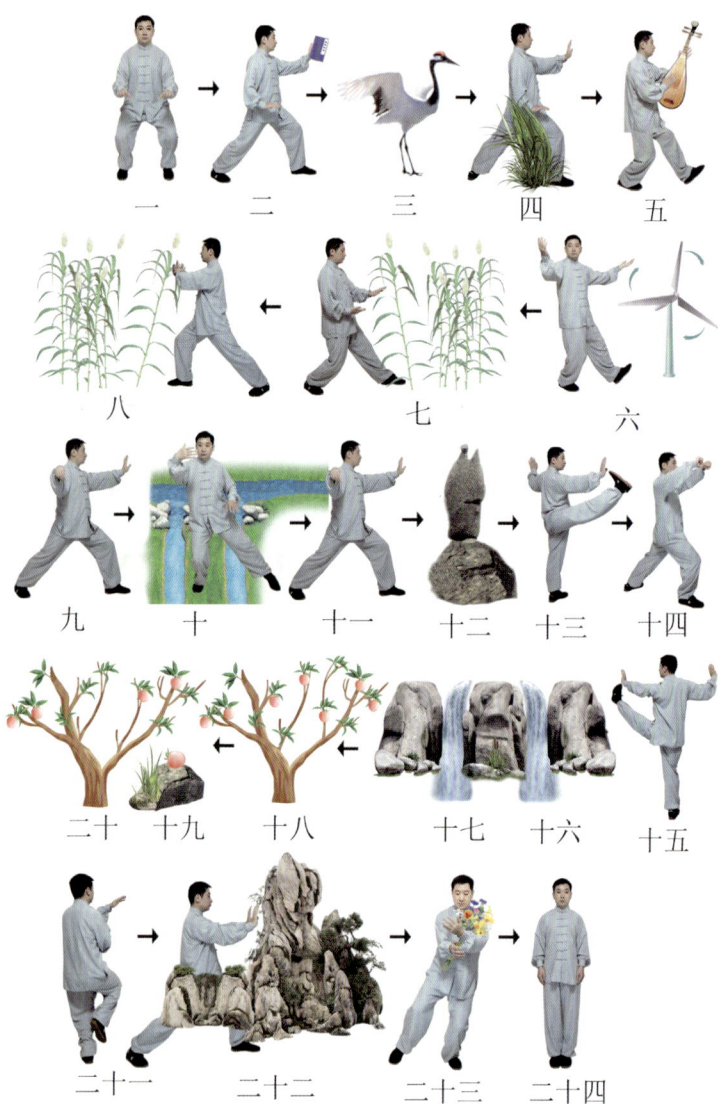

一　　　　二　　　　三　　　　四　　　　五

八　　　　七　　　　六

九　　　十　　　十一　　十二　　十三　　十四

二十　十九　十八　　十七　十六　　十五

二十一　　　二十二　　　二十三　　二十四

一、起势

模型：正襟危坐。记忆：起势，约定俗成为第一势。

二、野马分鬃

模型：边走路，边看书。记忆：野马奔跑，鬃毛向两边一分为"二"。

三、白鹤亮翅

模型：展翅的丹顶鹤。记忆：鹤鸣幽谷，丹顶鹤的两片喙和舌头相对平行分开呈现"三"的印象。

四、搂膝拗步

模型：迈着猫步去捉丹顶鹤。记忆：搂膝拗步的步法为弓步，迈步时要迈向侧前方，走"四"这个矩形的对角线。

五、手挥琵琶

模型：弹琵琶。记忆：弹琵琶用手，手有"五"指。

六、倒卷肱

模型：慢慢后退，风车转动。记忆："六"就像一个正在转动的风车。

七、左揽雀尾

模型：整理扶正一棵倾斜的芦苇。记忆："七"像镰刀，用镰刀割芦苇。

八、右揽雀尾

模型：整理扶正另一棵倾斜的芦苇。记忆："八"调转方向后像芦苇的叶子。

九、单鞭

模型：定位方向。记忆：单鞭有两个分别是第九势和第十一势，将阿拉伯数字连起来就成了"119"火警报警电话，报火警时要精确描述火灾发生地的方位。

十、云手

模型：连续跨越两条小溪。记忆："十"像指南针。

十一、单鞭

模型：再次定位方向。

十二、高探马

模型：仙人指路。记忆：老神仙站在"十"字路口，指点了"二"条路，一条通往十亩桃园，一条通往百亩桃园。

十三、右蹬脚

模型：蹬出第一脚。记忆：运动鞋脚后跟的纹路一般是相互平行的像"三"的条纹。

十四、双峰贯耳

模型：两拳像两座山峰贯向耳门处。记忆："四"像拳头。

十五、转身左蹬脚

模型：转身蹬出第二脚。记忆："十五"的谐音"是我"，转身后还"是我"。

十六、左下势独立

模型：跨越第一条山涧，仆步穿掌的过程就像用两腿横向丈量大地。记忆："六"像一种像圆规那样的木制的丈量土地的工具。

十七、右下势独立

模型：跨越另一条山涧。记忆：左下势独立和右下势独立名称并列，动作连续。

十八、左右穿梭

模型：穿梭在桃园摘了两个桃子。记忆："左右穿梭"也叫"玉女穿梭"，"八"像裙子，十八岁的仙女穿梭在蟠桃园摘桃子。

十九、海底针

模型：从桃树地下的大石头上拾到第三颗桃子。记忆："十"谐音为"拾"，"九"的造型就像"虚步插掌"。

二十、闪通背

模型：摘到第四颗桃子，"弓步架推"，两臂像扇子一样迅速打开。记忆："二十"像折合状态的扇子。

二十一、转身搬拦捶

模型：转身通过"搬拦捶"种下第一个桃核。记忆：该势有个典型动作，从上衣下方两个口袋取出其中一个桃核，二十一的谐音"二选一"。

二十二、如封似闭

模型：种下其他三颗桃核。记忆："二十二"是两扇门，"十"就是门缝，两手前推，就像用两手关闭上两扇门。

二十三、十字手

模型：抱起一束鲜花，双手合抱在胸前交叉呈十字，"二十三"中"二和三"可以看作是背景底纹，就像摄影一样，突出表现的就是中间的"十"字。

二十四、收势

模型：慢慢恢复至预备势的过程。记忆：最后一势，自然是第二十四势。

后　记

《临江仙·误桃源相约青城山》

青青蒲苇逞调柔，峰回路转桃园。

捌捋挤按惊鹤影。

仙道玉汝成，一轴山水梦。

竹林捣碓捋巨幕，邀赏陈拳刚柔。

坎离震兑约青城。

古拳多少路，皆在阴阳中。

《"健康中国 2030"规划纲要》是为推进健康中国建设，提高人民健康水平，根据党的十八届五中全会战略部署制定。由中共中央、国务院于 2016 年 10 月 25 日印发并实施。该《纲要》全文分八篇二十九章，其中第二篇第六章第二节明确提到：继续制订实施全民健身计划，普及科学健身知识和健身方法，推动全民健身生活化。组织社会体育指导员广泛开展全民健身指导服务。实施国家体育锻炼标准，发展群众健身休闲活动，丰富和完善全民健身体系。大力发展群众喜闻乐见的运动项目，鼓励开发适合不同人群、不同地域特点的特色运动项目，扶持推广太极拳、健身气功等民族民俗民间传统运动项目。

推广太极拳，实现全民健身需要大家共同参与。太极拳源远流长，随着社会发展、科技进步、观念的改变，可供发掘和利用的太极拳资源也将日益丰富，同时新的太极拳资源也会不断产生。要想在这个信息过载并充斥着各种外来文化的时代继承和发扬太极拳和中国传统文化，就必须探索太极拳教学新模式，突出健身养生功效，整合励志元素。既要保持太极拳的运动特点，体现太极拳拳理内涵，又要使初学者易学易记，保持兴趣和信心。提高拳理的可操作性，全方位、多角度挖掘太极拳所蕴含的潜在价值。

弘扬国学文化，传播健康理念，玩转太极拳之二十四式作为创新式太极拳教程系列图书之首，其目的是为了抛砖引玉，鼓励更多专家加入教程开发团队。同时也是引导青年人结识太极拳，从而更深入地研究太极拳内在的价值，通过习练太极拳而达到强身健体、养生励志的多重目的。正如故事结尾所讲的：你抱起了鲜花，又放下了鲜花。因为在前面最险峰处还有更加美好的风景。这是一个故事的结束，却是很多故事的开始。